KB235517

열아홉,
나에게
방황을
추천한다

나에게 방황을 추천한다

초판 1쇄 인쇄_ 2010년 6월 14일
초판 1쇄 발행_ 2010년 6월 18일

지은이_ 전경은

펴낸곳_ 지식나이테
펴낸이_ 윤보승

책임편집_ 도은숙
편집팀_ 이성현, 김주범, 김민경, 함윤선
책임디자인_ 방유선
디자인팀_ 윤혜림, 이민영, 남수정

ISBN_ 978-89-93722-02-4 03180

등록_ 2005. 07. 12 | 제313-2005-000147호

서울시 마포구 서교동 395-166 서교빌딩 703호
편집 02)333-0812 | 마케팅 02)333-9077 | 팩스 02)333-9960
이메일 postmaster@jisik-naite.com
홈페이지 www.jisik-naite.com

책값은 뒤표지에 있습니다.

지식나이테는 꿈을 채워가는 여러분의 동반자입니다.
책을 읽는 사람들의 '든든한 지기' – 지식나이테

열아홉,
나에게
방황을
추천한다

전경은 지음

지식나이테

경은이 이야기

경은이는 중2에서 중3으로 넘어가는 1월에 아이자람에 왔다. 중학생 자녀를 둔 많은 어머니들이 고민하는 것처럼 경은이의 어머니도 학습 시 '집중력이 떨어진다'는 주호소 문제를 들고 상담의 문을 두드리셨다. 덧붙여 아이가 욕설이 심하고 담임선생님께서 또래보다 어리다는 말씀을 하셨다면서 아이의 진짜 마음이 어떤지 알고 싶다고 하셨다.

이를 알아보기 위해 경은이에게 종합 심리검사를 실시한 결과, 전체 지능지수는 '평균 상 수준'에 해당하는 것으로 나타났다. 그러나 과제에 대한 심리적인 긴장감과 부담감으로 자신의 사고 능력을 발휘하는 데 적지 않은 방해를 받고 있었다. 이를 고려한다면, 경은이의 지적 잠재력은 '평균 상 이상'의 수준일 것으로 예상되었다.

그렇다면 무엇이 아이에게 학습 상황에 대한 불안감과 긴장감으로 작용하는 것일까? 또한 무엇이 학습과 관련된 어려움에 적절히 대처하지 못해 우울해지고 무력해지고 누구에게도 이해받을 수 없다는 마음을 안겨주는 걸까? 이런 감정은 때로 위축되고 충동적이고 반항적인 모습으로 자기 자신을 표현하게 만들었다. 해답의 열쇠는 경은이의 마음에 있었다. 그것을 경은이와 내가 함께 찾아볼 수 있는 기회를 어머니께서 주기로 결정하시면서 그렇게 경은이와의 만남은 시작되었다.

상담 첫날, 경은이는 약간 고개를 숙인 채 눈을 위로 치켜떠서 슬쩍 나를 쳐다보고는 이내 눈동자를 아래로 떨구거나 좌우로 이동하면서 나와 상담실이라는 새로운 환경에 경계하는 모습을 보였다. 많은 말을 하진 않았지만 경은이가 꾸민 모래 상자에 대해 질문하니 짧게나마 대답을 해주었고 첫 상담이 끝나갈 즈음 뭔가를 중얼거렸다. 무슨 말인지 잘 들리지 않는다고 하자 이후 일정을 기억하려고 작은 소리로 되뇌인 거라고 친절히 말해주었다. 상담이 진행되면서 초반엔 긴장하며 순응하던 모습이 8, 9회기에 접어들면서는 "모래 놀이를 언제까지 해야 해요? 하고 싶지 않아요" "생각 안 나요" "몰라요"라는 솔직한 표현과 수동적인 공격으로 나타났고, 10회기엔 수학여행 언제 가냐는 질문에 "여기 올 수 있어요"라고 대답했다. 지금까지 엄마 때문에 떠밀려서 시작된 상담이었다면 10회기부터는 경은이 자신이 선택한 시간이라는 태도를 보여주어서 상담자로서 흐뭇했고 희망적이라고 생각했다.

상담이 진행되면서 경은이는 아버지에 대한 선망과 위축감과 분노감이 학습에 대한 부적응적인 태도의 핵심임을 보여주었다. 경은이에게 아버지는 능력 있고 책임감 있고 완벽한 모습 그 자체였다. 물리적으로 심리적으로 기댈 곳이 없는 어려운 환경에서 흐트러지지 않고 성실하게 열심히 공부해서 좋은 대학교에 들어갔고, 졸업 후 대기업에서 직장 생활을 하다,

현재는 개인 사업자로서 어느 정도 안정된 사업을 이끌어가고 있는 자랑
스러운 아버지였다. 아버지의 사업 성공 덕분에 경제적인 어려움 없이 남
부럽지 않게 지내고 있는데… 그런데 나는… 아버지에겐 너무나 모자란
너무나 부족한 부끄러운 맏아들이었던 것이다. 어쩌다 시험 성적이 괜찮
게 나와서 자랑할라치면 아버지는 "그 정도를 잘한 거라 할 수 있어? 난
항상 상위 0.3퍼센트 안에 들었어"라며 인정해주지 않으셨고, 그럴 때마
다 부끄럽기도 하고 화나기도 하고 아버지를 넘어서고 싶은데 어디를 봐
도 넘어설 자신이 없는 그런 어마어마한 산 같은 존재로 느껴졌다. 경은이
는 아버지의 사업을 자신이 잇고 싶다고 했다. 그러기 위해서는 빨리 공부
를 열심히 해야 한다고 조바심을 냈다. 자기 자신도 잘 모르는 압박감이
차올라 참기 힘들어질 때는 폭발하는 화산처럼 어머니에게 거친 말과 욕
설로 표출하기를 반복했다.

　경은이의 상담 동기가 처음엔 '네가 모르는 화를 풀어내기 위함'이라는
어머니의 권유에서 시작됐다면, 어느새 '이곳에서는 내가 하고 싶은 얘기
다 할 수 있잖아요'로, 그리고 '나중에 내 아들도 선생님이 상담해주세요'
로 바뀌어갔다. 아버지에 대한 심리적인 불편을 어머니에게 거친 욕설이
나 반항적인 방식으로 표현했던 태도도 상담이 진행되면서 변화되었다.
"엄마가 내 옆에 있는 게 너무 좋아"라는 애정 어린 말이나 고마움을 직접
적으로 표현하기 시작했으며, 평소에도 일상의 시시콜콜한 일들을 어머니
에게 자주 말하게 됐고, "이 세상에서 내 모습을 있는 그대로 수용해줄 사

람은 엄마예요. 엄마는 내 편이예요. 결혼한다면 엄마 같은 사람과 하고 싶어요"라는 말을 진지하고 행복한 표정으로 할 수 있게 되었다.

아버지에 대한 태도도 많이 변화됐는데 처음엔 위축감으로 자신을 있는 그대로 이해해주지 않는 아버지에 대한 화를 표현하지 못했다면, 점차 아버지에게 노골적이고 직접적으로 공격적인 표현을 하면서 도전하기 시작했다. 또한 어느 정도 마음의 힘이 생기자 시험 결과 목표치를 협상하기도 했으며, 아직까지는 아버지가 만족할 만한 성적은 아니지만 스스로 열심히 공부하는 아들을 조금씩 인정해주는 아버지가 자신을 사랑한다는 사실을 확신하게 되었다. 그러자 아버지에게 인정받는 것을 넘어서 아버지와는 독립된 자신만의 꿈을 탐색하기 시작했다.

경은이의 꿈은 처음엔 아버지의 사업을 물려받는 것이었는데, 상담이 진행되고 아버지에 대한 도전이 시작되면서 래퍼, 프로 게이머, 요리사, 미용사로 다양한 탐색을 시도하였다.

이 과정에서 부모님은 아들이 자신과는 전혀 다른 세상을 보는 것 같아 때로는 달래도 보고 강하게 자극도 하면서 아이를 올바른 길로 이끌려고 애쓰셨다. 어떤 방법도 아이를 변화시킬 수 없음을 알게 된 어느 날부터 부모님은 경은이의 눈높이에 맞춰 세상을 함께 보려는 노력을 시작하셨다. 때로는 희망적이었다가도 어느 날에는 다시 처음으로 돌아간 것 같아 절망하기를 반복하면서 '어느 것을 선택하든 스스로 열심히 하고 책임진다면 아들의 선택을 지지해야지'라는 생각을 틈틈이 상기하셨다. 그렇게 자기의 꿈을 인정하려고 노력하는 부모님의 마음이 경은이에게 온전히 전달되던 어느 날, 경은이가 싸워야 할 대상은 더 이상 부모님도 선생님도 또래도 아닌 경은이 자신임을 스스로 알게 되었다.

"무대 위에는 아무도 없었다. 성적과 등수를 비교하며 재촉하는 선생님도 부모님도 없었고 또래들은 각자의 무대에서 또 다른 자신과 싸우고 있었다. 나의 모습을 바라보는 이도 나를 평가하는 이도 내 목표를 정하는 이도 바로 '나'였다. 다니고 싶은 학원과 과외 선생님을 알아보고 정하는 것도 내 몫이었고, 일주일을 어떤 시간으로 채워 넣을까 결정하는 것도 내가 했다. 내가 계획한 대로 공부를 해나갔을 때는 스스로 자랑스럽게 느껴졌고 자신감이 생겼으며, 순간의 감정이나 게으름에 지고 말았을 때는 부끄러웠고 긴장했다."

비로소 경은이 자신을 온전히 느낄 수 있게 되었다. 자신이 뭘 좋아하고 뭘 싫어하는지, 자신에게 어떤 선생님이 도움이 되고 어떤 공부법이 맞는지, 자신에게 중요하고 가치 있는 것은 무엇인지 그리고 그것을 위해 오늘 준비해야 할 것이 무엇인지…. 경은이는 하나하나 찾아냈다.

경은이는 억대 연봉의 잘나가는 학원 선생도 되었다가, 누구나 한번 보면 쌓였던 스트레스를 한방에 날릴 수 있는 오락 프로그램 피디도 되었다가, 제품의 특성을 잘 표현해내는 광고 분야 일을 꿈꾸기도 했으며, 인간의 행동을 예측할 수 있는 심리학을 공부해보고 싶다고도 했다. 또한 좋아하는 공부를 하면서 사는 것도 나쁘지 않겠다면서 '교수'를 생각해보기도 했다가, 요즘 지방선거를 앞두고 말뿐인 정책을 내건 정치인들이 맘에 들지 않는다면서 많은 사람들이 살기 좋은 세상을 만드는 데 도움이 되기 위해선 정치인이 되는 것도 좋겠다고 했다.

아직까지도 이상과 현실 사이에서 자신의 위치와 흥미와 바람을 열심히 조율하면서 어떤 분야의 일이 자신에게 맞을까 부던히 탐색 중이다. 이렇게 경은이는 스스로 정한 목표를 향해 담담히 공부하고 있다.

때로는 예상보다 높은 모의고사 결과가 나와서 기분 좋아지고, 때로는 긴장한 탓에 아는 것도 틀려서 속상해하고, 어느 날은 자신감이 충만해지다가 또 어느 날엔 갑자기 불안해하기도 하지만 결국엔 오히려 상담 선생인 나를 격려하고 또 다른 마음속의 자신에게 다짐한다.

"선생님, 걱정 마세요. 제가 처음 아이자람 왔을 때랑 지금이랑 많이 달라진 모습이잖아요. 앞으로 제가 어떻게 변할지 누가 알겠어요. 지금의 제 모습이 전부라고 착각하지 마세요. 상상도 못한 또 다른 모습으로 변할 테니까 두고 보세요"

그렇게 경은이는 자신의 성장 가능성을 믿으며 오늘도 상담실을 나선다.

2010년 6월

아이자람 윤미숙 소장

나는 열아홉 살. 올여름 열여덟 번째 생일을 맞는다.

고3. 남학생이다.

이제 울렁거리던 10대도 곧 끝난다. 그동안 내 마음속에는 끊임없이 태풍이 불었다. 어디로 가야 할지 방향도 모른 채 높은 파도에 휩쓸려 다녔다. 너무 힘들었다. 아, 그동안의 시간이 꿈만 같다.

엄마 아빠가 내 인생의 전부가 아니라는 것을 알게 되면서 나는 누구인가라는 의문이 자꾸 머릿속에 맴돌았다. 무언가에 열심히 몰두하고 싶었다. 몇몇 친구들을 보면 굉장히 성실하게 학교 생활을 한다. 특기를 살리겠다고 화실에도 다니고 악기 연습실에서 살기도 한다. 운동장에서 힘들게 땀을 흘리는 애들도 있다. 또 열심히 외국어를 배우기도 하고 주위의 어려운 사람들을 위해 봉사 활동도 많이 한다. 이제, 나 역시 이런 친구들 못지않게 열심히 살았다고 자신 있게 말할 수 있다.

중2 겨울방학부터 심리 상담을 받았는데 이것이 나의 사춘기를 다른 친구들과는 다르게 만들어주었다. 뿌듯한 나만의 결과를 얻게 된 것이다. 상담을 통해 얻은 생각과 가치관이 앞으로 내 인생의 중요한 자양분이 될 것이 확실하다. 상담을 받으면서 새로운 귀와 눈을 얻었다. 내 눈은 마음을 관찰하게 되었고 내 귀는 마음의 울림을 진지하게 듣게 되었다.

정말 힘들고 답답했다. 왜 세상이 내 생각이나 의지와 다르게 돌아가는지, 내가 정말 원하는 건 무엇인지, 또 그걸 이루기 위해 뭘 해야 하는지 도대체 알 수가 없었다. 하지만 상담을 받으면서 스스로 생각하고 찾고 준비하는 사람이 되었다. 생각할수록 소중한 내 인생의 역사다. 왜 공부를 해야 하고, 내가 하고 싶은 일은 무엇이고, 어떤 마음가짐으로 세상을 살아야 하는지 나만의 해답을 찾게 되었다. 그리고 지금도 좀 더 현명한 답안지를 만들기 위해 노력하고 있다.

이 책은 그동안 변해온 내 생각과 행동을 정리한 글이다. 상담 선생님의 해석이나 평가가 아니라 나와 우리 가족의 관계를 내 시각에서 풀어놓았다. 3년이 넘는 상담 과정을 정리하면서 고3의 바쁜 현실에서도 자기 성찰의 시간이 얼마나 중요한지 다시 한 번 깨달았다. 이만큼 성장한 내가 대견하고 소중하다는 것을 깨우친 뿌듯한 작업이었다.

언젠가 건강한 10대는 방황하고 갈등하는 게 당연하다는 말을 들었다. 어린 시절의 내가 사라지고 어른으로 탄생하려면 엄마 배 속에서 나왔을 때 느꼈던 고통만큼 다시 힘들어야 한다는 것이다. 그런데도 어른들이 도와준다면서 기껏 하는 말은 시간이 흐르면 문제가 다 해결되고 자연스럽게 안정을 찾는다는 내용뿐이다. 누구나 겪는 과정이니 호들갑 떨 것 없다면서 그냥 기다리고 참으라고만 한다. 그저 한숨만 나온다. 어쩌다 가끔 방황하지 않고 10대를 보내는 애들도 보이기는 한다. 그러나 보통은 나처럼 세상이 뒤집히는 듯한 갈등과 불안에 어쩔 줄 몰라하지 않을까? 무작정 꾹 참으면서 좋은 성적을 얻으려고 노력하면 모든 문제가 해결된다는 어른들의 단순한 주입식 가치관은 나를 너무 화나게 한다. 여기저기에서 세상은 빠르게 변하고 있다고 떠드는데 학교나 집에서 우리에게 요구하는 가치관은 옛날과 달라진 게 전혀 없다.

내 경험으로 볼 때 이 시기에 상담을 받으면 큰 도움을 받을 수 있다. 세상을 향한 끝없는 분노, 이유를 알 수 없는 불안감을 삶의 에너지로 바꿀 수 있다. 내가 겪었던 고민과 분노와 갈등, 그리고 미래에 대한 희망과 자신감을 얻기까지의 과정이 절대 특별하다고 생각하지 않는다. 나는 모두가 부러워하는 엄친아와는 거리가 먼 아주 평범한 학생이기 때문이다. 다만 차이가 있다면 우리 10대의 마음을 단순하게 생각하지 않고 나를 지지하고 자신감을 불어넣어 준 '상담'이라는 인생의 멘토를 만났다는 것이다.

지금 이 시간 뜨거운 가슴을 부여잡고 힘들어하는 내 또래의 10대들, 또 그들을 바라보며 어찌해야 할지 몰라 마음고생을 하는 부모님들과 주위의 어른들이 이 책을 통해 문제를 해결할 수 있는 작은 실마리라도 찾았으면 좋겠다.

너무 개인적인 내용이어서 책으로 내놓기 어려운 이야기도 많았다. 하지만 용기를 내어 내가 성장하는 모습과 우리 가족이 서로 이해하는 과정을 정리해서 엮었다. 이 책을 읽어나가는 동안 위로와 공감과 희망을 발견하길 바란다.

각 주제별로 엄마의 글을 덧붙인다. 내 입장에서만 글을 쓰다 보니 가끔 오해할 만한 내용이 있다는 조언이 있었다. 그 조언을 받아들여 그동안의 시간을 함께 겪어낸 엄마의 경험도 내보이기로 했다.

기대와 욕심 버리기

곧 두 돌이 되는 어린 조카가 있다. '엄마' '아빠'부터 시작해 한두 단어씩 말이 늘더니 20개월경에 일명 언어 폭발기를 맞았다. 옆에서 어른들이 하는 말을 듣고 뜻도 모른 채 한두 단어씩 따라 하거나 자기가 좋아하는 물건의 이름을 놀라운 속도로 습득해나갔다. 남자아이라서 그런지 각종 차량에 일찍부터 관심이 많았는데 '붕'이나 '차'라는 통칭에서 버스는 시내버스, 초록 버스, 유치원 버스 등으로 세분되었고, 공사

차는 트럭, 기차, 불도저로 발전했다. 처음 한 글자에서 두 글자, 세 글자 발음을 익혀나갔는데 볼 때마다 혼자서 얼마나 연습을 하던지 그 노력이 기특했다. 받침이 있는 발음은 마음처럼 쉽게 되지 않아 될 때까지 수십 번씩 연습하기도 했다. '굴착기'라는 단어는 연습을 하다 하다 너무 힘이 들어 울기까지 했다. '굴착'까지는 어떻게 됐는데 마지막 한 글자를 이어서 말하기가 매우 힘겨웠나 보다. 입술이 아프고 혀가 뻣뻣해지는 느낌이었을 것이다. 될 듯 말 듯한 그 안타까운 상황에서 어른들은 옆에서 지켜보며 격려하고 아기의 노력을 칭찬해주는 수밖에 없었다. 눈물이 그렁그렁한 채 또 그림책과 벽을 번갈아 보면서 연습한 끝에 드디어 또박또박 스타카토 발음으로 '굴. 착. 기'를 발음해냈을 때의 그 득의만만한 표정이란!

누가 빨리 말해야 한다고 재촉한 것도 아니고 따라 하라고 강요하지도 않았으며, 어떤 조건을 달아 성공을 유도한 것도 아닌데 어찌 그리도 집중을 하던지…. 조카 스스로 자기가 좋아하는 '굴착기'는 빨리 말하고 싶다는 바람이 너무나 강했기에 중간에 포기하지 않고 계속 시도하는 눈물 어린 노력을 했을 것이다.

물론 이런 능력과 의지가 나의 조카에게만 있지는 않다. 아이뿐만 아니라 우리 어른도 자신이 진정으로 원하는 것은 누가 시키지 않아도 알아서 목표를 세우고 있는 힘껏 노력하며 발전할 수 있는 잠재력이 있다. 하지만 아이가 원하지도 않고 수준에 맞지도 않은 방법을 가르쳐주면서 따라 하라고 다그치는 상황이 얼마나 비일비재한지 모른다.

내 아이의 역량을 믿는 마음은 바로 나에 대한 믿음과 같다고 생각한다. 나의 불안이 크면 클수록 내 아이를 바라보는 눈길은 걱정과 염려로 가득 찰 수밖에 없다. 어른들의 불안이 아이를 있는 그대로 인정하지 못하게끔 눈을 감겨버리는 것이다. 나 역시 이런 어리석은 과정을 밟아왔음을 고백하지 않을 수 없다. 너를 위해서, 사랑해서 하는 말이니 무조건 받아들이라고 강요했던 무수한 날들이 있었다.

내 아이를 있는 그대로 인정하고 받아들이는 과정은 뚜렷한 목표가 보이지 않고, 종료 시점도 정하지 못한 채 묵묵히 해나가야만 하는 과정의 연속이었다. 아이와 별도로 받은 상담과 부모 교육은 2년 이상 진행되었다. 그동안 내 성장 과정을 되살려내면서 서서히 어른이 된 나 자신을 있는 그대로 바라보는 힘이 서서히 형성되었다. 그러자 마음의 여유도 조금씩 생겨났다. 내 아이를 향한 밑도 끝도 없는 기대와 욕심 버리기는 그 과정에서 얻은 소중한 선물이다.

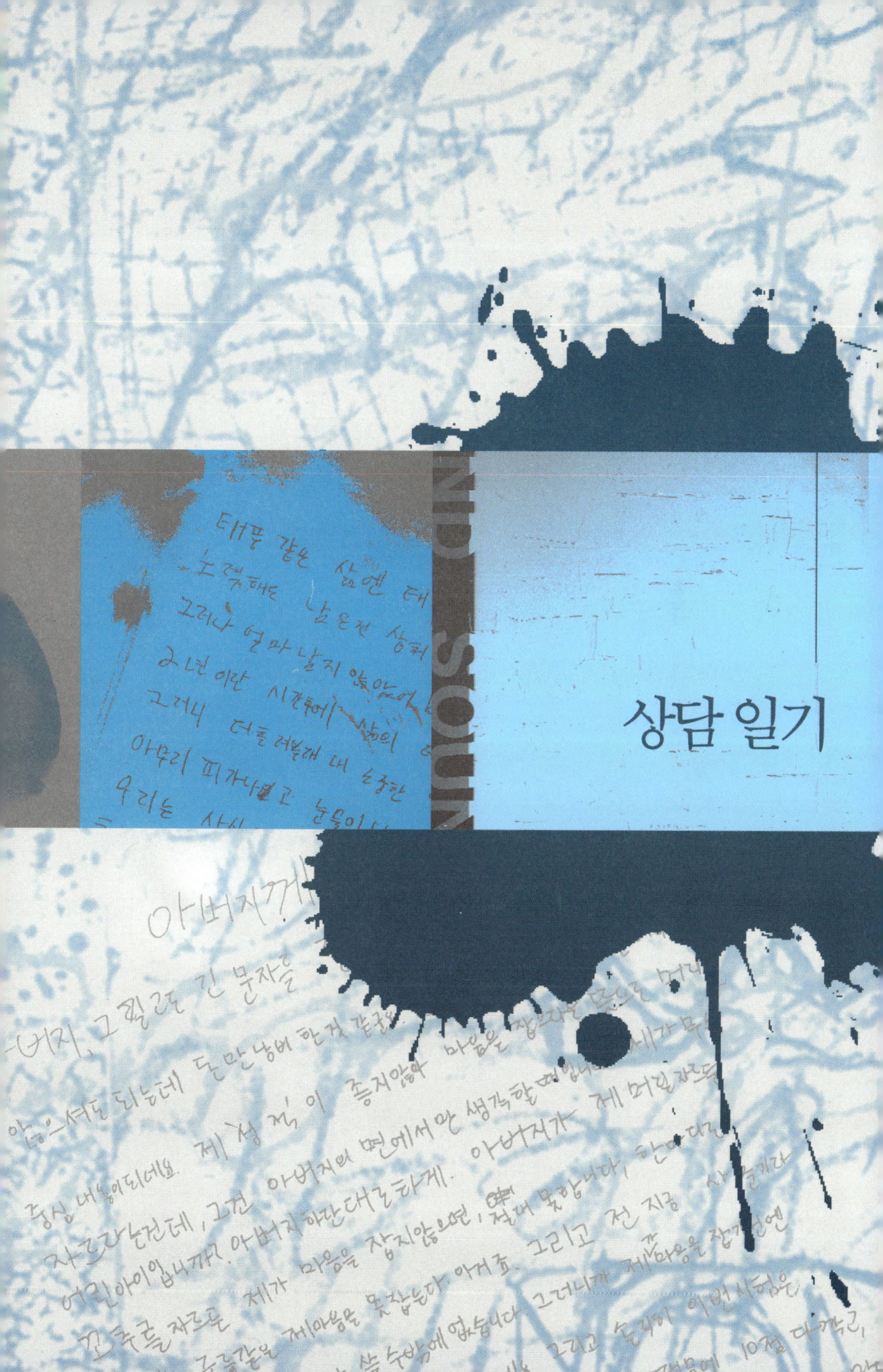

MIND SOUND
상담 일기

1. 상담은 또 뭘 하는 건데?

중학생이 되었다.

부모님은 나를 맘에 들어하지 않는다. 아빠는 내 머리에서 발끝까지, 하나에서 열까지 모두 마음에 안 들어한다. 어떻게 자기한테서 저런 자식이 태어날 수 있냐며 물불 안 가리고 모욕감을 준다.

씨발.

솔직히 말하면 나도 아빠가 열라 맘에 안 든다. 태어나기 전에 부모를 선택할 기회가 있었다면 절대로 이 대머리 영감을 내 아빠로 낙점하지 않았을 거다.

그래, 능력이 좀 있긴 한 것 같다. 매사에 근검절약을 강조하면서 자린고비처럼 굴지만 우리 가족이 먹고살고, 내가 공부하는 데 돈 땜에 어려움을 겪은 적은 없으니까.

그렇지만 이미 너무나 잘 알고 있는 이 사실을 내 앞에서 있는 대로 펼쳐 보이며 잘난 척을 할 때는 완전 밥맛이다.

난 지금 학생이다. 내가 어떤 사람이 될 줄 알고 내 앞에서 그렇게 잘난 척을 하나. 나는 이다음에 우리 가족을 아주 행복하게 해줄 자신이 있다. 절대로 잘난 척 따위는 안 하면서!

엄마는 아빠와 내가 싸우면 어쩔 줄 몰라한다. 아빠가 해대는 심한 말을 듣다가 엄마가 참지 못해 흥분하면 엄마는 저절로 내 편이 되고 아빠는 그래서 더 나에게 화를 낸다. 엄마랑 아빠는 나 때문에 싸운다. 나는 결국 우리 집 골칫덩어리다.

그렇다고 항상 엄마가 내 편은 아니다. 엄마의 말은 모두 잔소리다. 지각하니까 일찍 일어나라, 학원 시간 지켜라, 반찬을 이것저것 먹어야 한다, 친구들을 잘 사귀어라, 학교 규칙을 제대로 따라라…. 완전 잔소리 대마왕이다. 이다음에 내 아내는 절대 잔소리 안 하는 여자로 고를 거다.

우리 엄마에게 장점이 하나 있기는 하다. 엄마 친구의 자식들, 주위의 잘하는 애들과 나를 비교하지 않는 거다. 대한민국의 엄친아 엄친딸을 있는 대로 주위 와서 조목조목 비교한다면 이 집에서 살고 싶은 마음은 싹 사라질 거다.

그치만 가끔 엄마는 너무 냉정하다. 자기 아들이 시험을 못 봤는데도 너를 있는 그대로 보겠다고 한다. 같이 걱정도 해주고 화도 내야 하는데 내가 알아서 할 때를 기다리겠다고만 한다. 내가 서술형 문제에서 억울하게 감점을 당해 속상해하면 위로해주기보다는 불난 집에 기름 붓는 소리만 한다.

"선생님들도 다 기준이 있으시겠지. 앞으로 그런 실수 안 하도록 노력하면 돼."

내 엄마인데 대체 누구 편인 거야?

이런 엄마가 이해되지 않는다. 물론 시험 못 봤다고 눈에 띌 때마다 잔소리해대고 학원 가라고 볶아치는 엄마라도 싫지만 다 나한테 달렸다고 맡겨놓는 엄마도 싫다. 기다려주는 건지 아들을 과대평가하는 건지 알 수가 없다.

에이 씨, 내 맘을 나도 모르겠다. 이런 것도 싫고 저런 것도 싫고.

아침이면 엄마가 깨우지만 조낸 일어나기 싫다. 1분마다 엄마가 와서 내 어깨를 흔들며 독촉을 해도 눈뜨고 싶지가 않다.

학교에 가기 싫다.

8시 30분까지 교문을 통과해야 하는데 10분 남기고 눈곱을 떼면서 일어난다. 아침은 먹는 둥 마는 둥. 안 먹을 때가 더 많다.

집을 나와 학교까지는 아무리 천천히 걸어도 5분이면 충분한데 이만큼 걷는 것도 귀찮다. 아파트 담을 넘기로 한다. 등에 맨 가방을 담 너머로 휙 던지고 그다음 내가 넘어간다. 경비 아저씨가 쳐다보거나 말거나.

2분이면 학교에 도착한다.

학교 공부는 재미있는 과목보다 싫은 게 훨씬 많다. 귀여운 사회 선생님 때문에 사회 공부는 목숨 걸고 열심히 한다. 조그맣고 통통한 선생님은 딱 내 이상형이다. 사회 시험은 기필코 잘 봐서 선생님께 내가 얼마나 공부를 잘하는지 보여줘야 한다. 머리가 나쁘거나 텅텅 비어서 성적이 나쁜 게 아니라 마음만 먹으면 얼마든지 잘할 수 있다는 걸 보여주고 싶다.

수학은 선생님과 상관없이 내가 좋아하는 과목이다. 사실 수학 점수가 항상 좋지는 않지만 수학을 잘한다고 생각한다. 수학만큼은 자신 있다. 그 외에는 정말 다 좆나 싫다.

이렇다 보니 성적표가 나오는 날은 우리 집 난리 나는 날이다. 기말고사 성적표를 보고 나서 아빠는 내 엉덩이를 때렸다. 중학생이 되고 처음 시험 본 중간고사 성적도 기가 막힌데 거기서 더 떨어졌으니 맞아야 정신을 차린다고 했다. 왕짜증 났지만 대범하게 맞아줬다. 너무 아픈데도 안 아픈 척했다. 아파하면 지는 거니까.

성적표 받은 다음 날 아침이면 매번 내 책상 위에 쬐끄만 글씨로 빽빽하게 채운 에이포 용지가 놓여 있다. 밤새 아빠가 써놓은 '말씀'이다. 표현은 조금씩 다르지만 결론은 한가지다. 이런 식으로 살다 보면 결국 인생의 패배자가 된다는 협박이다.

속에서 열불이 났다. 그렇지만 공부를 잘해야겠다는 생각은 들지 않았다. 아빠가 무섭고 때로는 그 잔소리가 끔찍해도 나는 보란 듯이 더 놀 궁리만 했다. 시험이 끝나는 날, 친구들과 피시방 노래방 순회하는 즐거움만 기다려졌다.

중2 겨울방학을 앞두고 엄마가 뭔 검사를 하러 가자고 했다. 학교에서 1년에 한 번씩 하는 인성검사 적성검사도 열라 귀찮아서 아무렇게나 표시하는 판에 뭔 검사를 또 하자는 건지.

나를 작은 방에 처넣고 검사 선생님과 단둘이 앉아 장장 두 시간 반이나 이것저것 뭔 의미인지 알 수 없는 일들을 하라고 했다. 여러 가지 그림도 보여주고 아리송한 질문에 대답도 시키고….

그러더니 2주일 정도 지나서 상담을 시작하란다. 나한테 물어보지도 않고 상담이라니, 상담은 또 뭘 하는 건데? 귀찮지만 일단 공부가 아니고 엄마가 데려간다고 해서 별말 않고 따라가기로 했다. 아, 근데 일주일에 한 번씩 귀찮아서 어떻게 가나.

　사람은 다 제각각 다른 생각을 갖고 산다는 평범한 진리를 모를 리 없다. 그러나 내 아이들은 엄마 아빠처럼 생각하고 자랄 것이라는 걸 의심해본 적이 없다. 아니, 그렇지 않은 상황을 가정조차 해보지 않았다. 뭔가 부족하다 여겨지면 아직 어려서 그런 것이고 적절한 훈련이나 교육을 받으면 당연히 우리와 같아질 거라고 여겼다.

　하지만 아이가 자라면서 이해할 수 없는 범위가 점점 넓어졌다. 단순히 내 눈에 게으르고 즉흥적이어서 걱정되는 수준이 아니었다. 제일 신경이 쓰였던 점은 점점 거칠어지는 모습이었다.

　초등학교 저학년 때부터 욕을 자주 했는데 너무나 귀에 거슬리기도 하거니와 아이가 잘못 크는 게 아닐까 겁이 났다. 혼도 내보고 좋은 말로 설득도 해봤지만 나아질 기미는 보이지 않았다. 학년이 올라갈수록 난생처음 들어보는 괴이한 욕을 하기도 해서 나를 절망시키는 때가 더 많아졌다.

　중학교 2학년 겨울 어느 날, 학원에 데려다 주었는데 차에서 내리면서 나에게 심한 욕을 내뱉고는 문을 쾅 닫고 갔다.

　그 순간 나는 차 안에서 핸들을 잡은 채 어찌할 바를 몰랐다. 사람들이 보건 말건 차에서 뛰어내려 학원으로 들어가는 아들을 잡고 뒤통수라도 한 대 때려 얼마나 잘못한 건지 알려줘야 하는지, 아니면 제정신이 아닌 10대 아들의 돌발적인 행동으로 넘겨야 하는지…. 욕을 들은 순간 밀려오는 모욕감에 얼굴이 달아올랐고 그다음에는 화가 치밀어 올랐지만 막상 엄마를 화나게 만든 아들은 사라지고 없어 황망할 따름이었다. 조금 시간이 지나자 엄마에게조차 함부로 대하는, 버릇이라고는 한강에 버리고 온 듯한 아들이 가망 없고 밉다는 생각보다는 내 아들이 왜 저럴까, 무슨 이유에서 분노에 이글거리는 눈빛으로 욕을 씹어뱉고 갔을까 하는 궁금증이 커져갔다.

그날은 학원 시간에 약간 늦어서 조금이라도 학원 가까이에 내려준다는 생각에 차를 세웠는데 바로 버스 정류장 옆이었다. 나중에 물어보니 버스를 기다리는 사람들이 여러 명 있었고 자기가 내리면 당연히 쳐다볼 텐데 그런 상황을 만든 엄마가 너무 싫어서 욕을 했다고 한다.

귀엽고 선량하기 그지없던 내 아들의 눈빛을 그렇게도 무섭게 만든 원인 제공자가 나라는 사실에 별수 없는 자책감이 밀려왔다.

또 집중력에서도 분명 문제가 보였다. 어릴 때는 책을 읽어주면 몇 번이고 다시 읽어달라고 하면서 그 내용을 이해할 때까지 책에 몰두했던 아이가 4학년이 되면서부터 책은 쳐다보지도 않았다. 책 읽기가 귀찮아서 그렇다면 엄마가 읽어준다고 해도 가만히 앉아 있지를 않았다. 학교 공개수업에 가보면 저절로 담임선생님께 죄송한 마음이 들 정도였다. 큰 소리로 떠드는 건 아니지만 수업에 전혀 집중하지 못하고 다른 곳에 신경 쓰는 게 뒷모습에 확연히 나타났다.

아이가 잘못된 방향으로 성장하는 게 느껴지면서 내 기준에서 올바른 방향으로 돌려보려는 노력이 계속되었다. 사소한 생활 태도의 문제, 공부하는 마음가짐, 친구 관계 등 아이와 관련된 모든 것에 관여하면서 옳고 그름을 판단해주었다. 또한 잘못된 상황은 하루빨리 바로잡을 수 있도록 충고(경은이 입장에서는 잔소리)를 해야 했다.

아이가 어떤 감정을 전달하기 위해 욕을 하거나 엄마를 쏘아보는지 알려고 하지도 않고 그 행동이 얼마나 나쁜지 가르쳐서 고치려고만 했다. 비록 내 입장에서는 잘못된 방법일지라도 아이는 자기 감정을 드러내고 주위와 소통하는 방법이었을 텐데 겉으로 보이는 모습만으로 아이의 생각을 미루어 짐작하고 판단하는 양육 태도를 고수했던 것이다. 때로 이 정도의 여유조차 없을 때는 "시끄러워" "듣기 싫어"라는 간단한 문장으로 아이를 다그쳤던 경우가 다반사였다.

지금 돌이켜보면 이런 엄마의 행동을 순순히 받아들이지 않고 끝없이 거부했던 경은이가 오히려 너무 고맙다. 그때 내가 하라는 대로 말없이 따라주었다면 아직도 내 가치관과 방식이 옳다고 여기면서 살고 있을 테니 말이다.

그 와중에 어떻게 경은이를 상담받게 해야겠다고 결심했던 걸까? 초등학교 4학년 때부터 4년여 동안 경은이를 일주일에 한 번씩 만났던 도자기 공방 선생님께서 우리의 힘든 상황을 보면서 조언해주신 덕분이었다. 공방 선생님은 간혹 잘 이해되지 않는 경은이의 언행을 걱정하면서 엄마 혼자 애쓸 문제가 아니니 전문가를 만나보라고 권하셨다.

지푸라기라도 잡아보겠다는 심정으로 집에서 가까운 아동 상담실을 알아보았다. 일주일에 한 번씩 데리고 가려면 일단 거리가 가까워야 한다는 이유에서였다.

당시 나는 아동 상담에 대한 지식도 전무한 상태였고 상담 선생님을 소개받아야 한다는 생각도 하지 못했는데 매우 운이 좋았다. 수소문 끝에 아이자람의 윤미숙 소장님과 인연을 맺게 된 것이다.

2. 상담이 최우선이다!

처음 상담실에 선생님과 마주 앉으니 졸라 뻘쭘했다(1회기, 2007년 1월 23일). 선생님은 모래가 담긴 상자 앞에 앉게 하더니 선반에 있는 수많은 인형을 이용해 이야기를 만들어보라고 했다.

조금 망설이다가 동물이고 사람이고 죄다 죽어나가는 이야기를 신 나게 꾸몄다.

공룡들이 자기들끼리 싸우다가 죽기도 하고(2, 7회기), 불이 난 아파트에서는 구출하러 온 소방관들까지 모두 죽는 내용이었다(4회기).

몸이 크고 힘이 센 거인이나 공룡에게 괴롭힘을 당하는 착한 아이들과 어린 공룡들은 결국 전부 죽임을 당하고 만다.

몇 주 지나면서 이런 유치한 짓을 언제까지 해야 하는 건지 한심해졌다. 상담실에 관련된 모든 것들이 만만하다. 선생님은 내가

상담 1회기 모래 놀이-애기 거인

설명 우측 하단 구석에 서 있는 분홍색 인형은 나쁜 애들의 왕. (…) 스파이더맨과 아톰, 애기 목 위에 있는 손오공 두 명은 아기를 보호하려고 맞서 싸우고 있다. 주인공인 아기의 기분은? 아프다. 막 살고 싶은데…. 몸이 움직이지 않아서 머리가 아프다. 나중에 어떻게 되나? 나쁜 애들과 착한 애들은 죽고 애기 거인도 죽는다. 경은 코멘트 애기 거인이 나 같네요. 나쁜 애들의 왕은 아빠.

하는 졸라 유치한 이야기를 다 들어주고 상담실 안에 있는 인형들은 내 마음대로 여기저기 놔둬도 되고….

"우리 엄마가 돈 냈으니 선생님은 내가 하라는 대로 하면 되는 거네요."

나는 내가 절대 쉽지 않은 사람이란 걸 보여주고 싶었다. 어떤 날은 선반에 있는 놀잇감 이것저것을 만져보고 혼자 놀

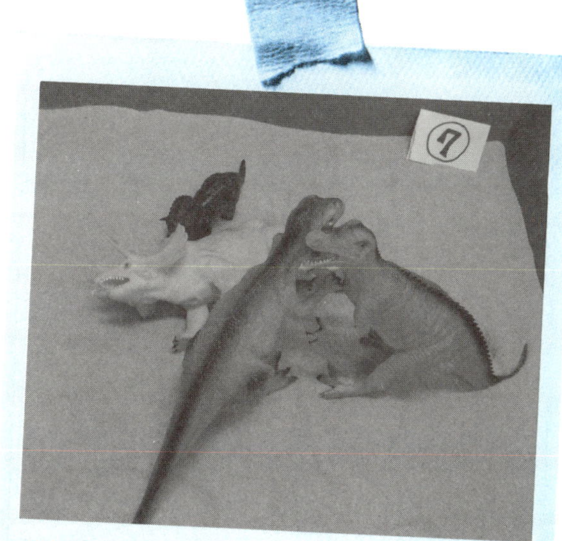

상담 7회기 모래 놀이-새끼 트리케라톱스

설명 커다란 어미 트리케라톱스가 쓰러져 있고 그 뒤에 새끼 트리케라톱스가 어미 곁에 있다. (…) 두 수컷 육식 공룡이 서로 잡아먹겠다고 싸우고, 죽은 어미 곁을 떠나지 못한 새끼 수컷 공룡이 어찌할 바를 몰라 엄마 곁에 붙어 있다. 경은 코멘트 새끼가 불쌍하네요.

아도 선생님은 가만히 곁에 있기만 했다. 이렇게 재미없는 상담실에 갈 시간이 다가오면 따분한 시간을 어찌 보내나 하는 생각에 엄마에게 막 신경질을 낸다. 엄마에게 알려줘야 한다. 참을성 없는 내 성격은 아무리 상담 같은 것 받아도 절대 나아지지 않는다는 걸.

선생님의 질문에는 무조건 "아니요" "몰라요"로 대답한다. 모래 놀이 하기 싫다고 고집을 피워 게임으로 시간을 보낸 적도 있다. 게임에서는 어떤 방법을 써서라도 선생님을 이길 생각만 했다.

선생님은 반칙을 서슴지 않는 나에게 공정한 규칙이 중요하다고 했지만 그런 건 신경 안 쓴다. 무조건 이기면 된다. 이런 태도를 야단치거나 비난하면 오히려 더 어거지 쓸 힘이 솟구칠 텐데 선생님 반응이 예상 밖이

어서 재미가 없다.

　　　　근데 이상하다. 세 달 정도 되니까 그 방에 들어가면 마음이 좀 편안해진다. 말도 많아진다. 내 맘대로 이야기해도 선생님은 다 들어주고 내 얘기가 이상하다거나 나이에 안 어울린다거나 하는 평가나 비판을 하지 않는다.

11~20회기

　　아직 하고 싶은 게 무궁무진한 내 마음, 아빠에게 내가 얼마나 잘난 사람인지 빨리 보여주고 싶은 초조함, 어떻게든 공부를 해야 하는 건 아는데 학원에 가기 싫은 마음, 앞뒤가 안 맞는 아빠, 학교 생활부 주임 자식의 비인간성 등 현재 처해 있는 답답한 현실과 내 마음을 있는 그대로 자세히 설명했다. 모래 놀이보다는 **내 이야기를 솔직하게 더 많이 하고 싶다.**

　　근데 그 순간 의심이 생겼다. 이렇게 얘기를 잘 들어주는 선생님인데 내가 어떤 짓을 해도 받아줄까? 나는 선생님에게 상담실 안에 있는 장난감 활을 쏘거나 사납게 생긴 공룡으로 겁을 줘보았다. 공룡이나 도마뱀 꼬리를 뱅뱅 돌리다가 선생님을 향해 휙 던지기도 했다.

　　선생님은 놀이실 규칙을 거듭 설명하면

:: 중학교 시절에 쓴 랩 작사 노트 중

서 어떤 경우에도 사람을 향해 놀잇감을 던지거나 공격하면 안 된다고 하셨다. 어딜 가나 지켜야 할 그놈의 규칙들! 졸라 피곤하다.

시험이 코앞이라서 갈팡질팡하는데 선생님과 함께 시험 준비 계획을 세우게 됐다(18회기).

그러고 나니까 왠지 더 부담이 됐지만 말로만 끝나지 않게 책상 앞에 계획서를 붙여놓고 마음을 다스려보기도 했다. 상담실 가는 횟수가 늘어나면서 나도 좀 변하는 것 같다. 갈수록 더 자연스럽게 나와 내 주변에서 일어나는 많은 상황을 이야기하고 다른 곳에서 말하기 싫은 생각들, 하찮게 보이는 계획의 조각들도 눈치 안 보고 말하게 되었다.

내가 지은 랩 가사를 선생님 앞에서 불러보기도 하고 엄마 아빠 때문에 짜증 나는 일도 말했다. 이랬다 저랬다 하는 내 진로에 관해 그때그때 달라지는 내 맘을 그대로 말하고 나면 왠지 좀 덜 불안하다.

21~30회기

모래 상자를 꾸밀 때는 해야 할 말을 미리 생각하거나 이야기 순서를 깊이 고민하지 않는다.

눈에 띄는 장난감들을 꺼내서 이리저리 놓다 보면 그냥 저절로 이야기가 만들어진다. 또 가끔은 그 상황을 뭐라고 딱 집어 이야기로 말할 수 없는 경우도 있다.

학교 끝나자마자 상담실에 가는데 집에 돌아가면 과외도 해야 하고 숙

제도 해야 한다고 생각하니 갑자기 피곤해졌다. 상담 선생님도 피곤하게 느껴져서 우는 척 연기하다가 반말을 하면서 장난감을 던졌다. 그냥 다 짜증 났다. 선생님이 내가 난폭하게 구는 이유를 조용히 물어봐서 불편한 마음을 하소연했다. 그러자 선생님은 나에게 그냥 벽에 기대어 다리를 뻗고 편하게 앉으라고 했고, 만다라 그림을 주면서 내 맘대로 색칠해보라고 했다. 상담 시간이 길지 않지만 편안하게 쉴 수 있는 시간이 소중하게 느껴졌다.

나도 몰랐는데 선생님은 벌써 내가 서른 번이나 상담을 받았다고 했다. 그동안의 시간을 돌아봤다.

'처음 상담실에 왔을 때 난 완전 사이코였는데….'

나도 모르게 내가 달라지고 있다는 걸 실감했다.

뭔가 기념을 하고 싶어서 선생님께 내가 좋아하는 케이크와 치킨을 사 달라고 졸랐다.

31~40회기

어떤 말이든 잘 들어주는 선생님이 내 부하라면 얼마나 좋을까. 내가 불을 꺼달라면 꺼주고 흩어진 장난감을 주워 오라고 호령하면 즉각 움직이고 말이다.

실제로 선생님이 그렇게 해줄 리는 없지만 아무튼….

'지금' 내가 처한 상황, 미래에 대한 갈등에 대해 말하면 선생님은 함께 계획을 세워보자고 하거나 다음 상담 때 필요한 자료를 구해다 보여주면서 참고하라고 하신다. 내가 원하는 것과 미래의 꿈을 잘 조화시킬 만한 안목이 필요하다.

　물론 선생님이 주신 자료도 소중하지만 내가 이렇게 중심을 못 잡아도 불안하거나 걱정된다는 반응 대신 가만히 들어주시는 선생님과 함께하는 시간이 편안하고 소중하다. 초조하고 조바심 나다가도 상담실에 들어가면 달라진다. 내게는 노력할 시간이 얼마든지 있고 걱정할 필요가 없다고 안심하게 된다.

　나름대로 열심히 공부했는데 성적은 기대만큼 쑥쑥 올라가지 않았다. 실망한 마음에 기말고사에서 전교 꼴찌를 했다는 거짓말로 선생님을 놀래 주려고 했지만 실패했다. 선생님은 마음을 꿰뚫어 보는 독심술을 배웠나 보다. 대신 장난감으로 선생님을 겁주었다(33회기).

　사람들은 솔직하지 못하다. 돈을 좋아하면서도 부자가 되기 위해 공부한다고 말하지 못한다. 나는 솔직하다. 선생님에게 돈을 많이 벌어 부자가 되고, 그 돈을 제대로 잘 쓰고 싶다고 자연스럽게 말했다. 누가 내 생각에 돌을 던지겠는가.

　랩, 여자 친구, 엄마 아빠 흉보기, 학원, 학교…. 할 이야기는 무궁무진하고 계속 변하는 나의 관심사와 희망을 아무 거리낌 없이 털어놓고 있다.

　하지만 가끔은 우왕좌왕하는 마음이나 빡빡한 학원 시간을 말하다 보면 나도 모르게 피곤해서 눈을 감고 쉬고 싶다. 그런 때는 선생님이 묻는 말도 다 씹어버리고 싶다(39회기).

방학 동안 날마다 새벽 2시까지 공부를 해서인지 상담실에서 자꾸 피곤하고 졸린다는 말을 한다. 선생님은 내가 스스로 계획을 세워 잘 공부하고 있는 데다 새벽까지 공부하느라 너무 힘드니 이제 엄마와 의논해서 상담을 끝내는 게 어떻겠냐고 의견을 물으셨다(45회기, 2008년 2월 27일). 공부는 장기전이니까 너무 초반에 힘 빼지 말라고 충고도 해주셨다.

처음에는 상담이고 뭐고 그렇게도 하기 싫더니만…. 상담실 선생님 겁주려고 잔꾀도 부리고 엄마도 힘들게 했는데 막상 선생님이 종료 이야기를 하시니 쉽게 결정을 내릴 수가 없다. 선생님의 뜻을 전해 들은 엄마도 내 생각을 묻기에 좀 생각해볼 테니 기다려달라고 했다.

드디어 고등학교에 입학했다. 새로운 환경에 적응하는 건 역시 열라 어려운 일이다. 통하는 애들은 별로 없고 해야 할 공부만 잔뜩 있고….

이런 힘든 상황을 매주 상담실에서 털어놓았다.

일주일에 한 시간이라도 마음을 털어놓을 공간이 있다고 생각하면 훨씬 여유가 생긴다. 물론 밖에서 화가 난 일을 상담 선생님께 풀려는 마음으로 활을 쏘거나 다른 방법으로 공격하면 당장 저지당하지만….

너무 피곤할 때는 아예 누워서 이 얘기 저 얘기 하다가 나도 모르게 자버린 적도 있다. 누가 깨우기에 눈을 떠보니 선생님이 상담 끝날 시간이 되었다고 하셨다(50회기).

계속 상담실에 보내줄 만한 돈이 있냐고 엄마에게 물어보았다. 엄마는 내가 원하면 얼마든지 해도 좋고 상담을 끝내는 시점은 나와 선생님이 잘

의논해서 결정하면 된다고 했다. 상담을 계속 받겠다고 결정하니 특별한
이유 없이 편안해졌다.

상담실은 내가 좋아서 가는 건데 상담실에 들어가서 선생님께 말 시키
지 말라며 눈을 감았다. 가끔 선생님이 말 거는 게 완전 짜증 난다. 한 시
간 동안 편하게 잠이라도 자고 싶은데 선생님은 무작정 자게 놔두지 않는
다. 너무 깊이 잠들지 않게 시간을 정해놓는다. 자다가 깨우면 더 성질난
다. 상담실에 가기 원하면서 막상 가서는 왜 이러는지 알다가도 모르겠다.

내 진로에 대해 선생님과 진지하게 이야기했다. 아직 뚜렷한 목표를 정
하지 못하고 갈팡질팡하는데 선생님은 내 생각과 계획을 들어주면서 얼
마나 빨리 정하는가보다 꾸준히 알아보고 얻는 게 중요하
다고 하셨다. 목표는 언제라도 바꿀 수 있지만 이런 과정 자체가 중요
하다는 말씀이었다.

갑자기 내가 상담을 왜 받는지, 상담실에 열심히 다니는 이유가 무엇인
지 의문이 들었다.

처음 상담실에 갔을 때 상태가 어땠는지 선생님께 여쭤보았다. 나는 불
안해하고 과장되게 행동해서 나를 포장했다고 한다. 또 상담실 선생님을
비롯한 주변 사람들, 특히 어른들에게 매우 공격적이었고, 무엇보다 아빠
와의 관계는… 음, 말로 다 설명하기 힘들다. 어쨌든 선생님은 이런 점들
이 현재 어떻게 바뀌었는지 객관적이고 자세하게 설명해주셨다. 처음보

다는 문제가 많이 해결되고 자신감도 생겼지만 아직도 조절되지 않는 것들이 분명히 있다.

나는 이 시점에서 그동안 상담받은 것을 정리하고 부족한 점을 찾아내서 새 목표를 잡아야겠다고 생각했다. 최소 100회까지는 다녀야 하지 않을까?(59회기)

61~70회기

내가 원해서 다니는 상담실에 꼭 엄마와 같이 다닐 필요가 없었다. 마침 학교에서 상담실까지 갈아타지 않고 한 번에 가는 버스가 있다. 여태까지는 집 앞 정류장에서 내려, 기다리고 있던 엄마와 만나 함께 갔는데 이제는 학교 수업이 끝나고 곧장 상담실로 혼자 간다(62회기).

학교가 일찍 끝나 시간이 남아도 상담실 대기실에 앉아 음악을 듣거나 잠을 자면서 기다린다. 집이 아닌 상담실 대기실에서 이렇게 푹 잠을 잔다는 것이 놀랍다. 그동안 이유를 알 수 없는 불안이 내 마음과 감정을 압도했다는 사실을 새롭게 깨달았다.

알지도 못하는 사람들이 왔다 갔다는 하는 대기실 소파에서 편하게 잠을 자는 내 모습이 신기하다. 전에는 주위 상황과 사회에 대한 불평불만이 내 감정의 전부인 줄 알았는데 이제는 '지금의 나' '내 감정'이 어떤 건지를 생각한다.

71~80회기

이제 모래 놀이는 거의 하지 않는다.

상담실을 옮겨 책상을 사이에 두고 선생님과 마주 앉아 이야기한다.

선생님께 이젠 어린애가 아닌 어른으로 대접해달라고 부탁했다. 이 정도로 뚜렷한 목표를 정할 정도면 거기에 걸맞는 대우를 받고 싶었다. 선생님께서는 그렇다면 서로의 의견을 가지고 토론할 자세를 갖추어야 한다고 하셨다.

그때부터 놀이실을 나와 책상이 있는 방으로 옮겼다(73회기).

서로 마주 보고 앉아 내 생각을 멋있게 말할 수 있다고 큰소리쳤지만 막상 마주하니 토론 따위는 하고 싶지 않았다. 답답한 속을 쫙 펼쳐 놓고 나면 속이 시원하기도 하고 말하는 도중 문제를 해결할 수 있다는 자신감이나 방법 같은 게 떠오르기도 했다.

선생님은 가끔 이렇게 바쁜 고등학생이 시키지도 않았는데 스스로 상담실에 열심히 다니는 이유가 무엇인지 물어보시곤 한다. 몰라서 묻나 싶다가도 내가 혹시 상담 만능주의에 빠지는 건 아닐까 되돌아본다. 상담실은 그만큼 이제 나에게 일상이 되었다.

81회기 이후

순간순간 많은 갈등과 유혹이 생긴다. 열심히 공부하겠다는 기본 원칙은 변함이 없으나 학원 가기 전에는 피곤하니 쉬고 싶고 계획을 세워놨어도 시험이 코앞에 닥쳤을 때 벼락공부를 하다가 지쳐 떨어지는 일도 자주 생겼다.

 시험을 앞두고 불안할

명성과 사람들이 만들어낸 역사적 구조에 맞서
질풍처럼 돌진하는 것은 젊은이다운 것이다.
그것은 단순히 젊은이의 나쁜 습성이 아니라
젊은이의 권리이자 충동이다.

- 헤르만 헤세

때 선생님의 격려와 응원이 큰 힘이 되었다. 열심히 준비했는데도 시험 결과가 안 좋을 때도 있었지만 흔들림 없이 계속 해나갈 수 있는 집중력과 자신감을 다지고 또 다졌다. 나의 1차 목표는 당장의 시험이 아니라 진짜 수능에서 좋은 점수를 받는 거니까.

상담실 선생님께 점점 다가오는 수능 때문에 불안하지만 이제는 감정을 조절할 수 있다고 자신 있게 말했다. 선생님은 내 공부 시간을 염려하면서 상담을 종료하는 게 어떻겠냐고 다시 한 번 진지하게 권하셨다. 하지만 난 상담이 공부에 방해가 된다는 생각은 안 들었다. 선생님은 나에게 스스로 문제를 풀고 대안을 세우는 능력이 생겼다고 알려주셨다. 피하고 싶은 고비에서 도망가지 않고 당당하게 머물러 해결책을 마련하는 능력이 아주 훌륭하다는 것이다.

아, 진짜 기분 대빵 좋은 칭찬이었다.

처음 상담을 받을 때 이런 결과는 상상도 못했다. 화가 나면 어쩔 줄 몰라 입에서 나오는 대로 소리를 지르고 힘들 때는 적당히 피하려고만 했는데 이제는 내 감정이 어떤 건지 이름표를 붙일 수 있게 되었다. 우울한 건지, 화가 난 건지, 겁이 나는 걸 감추려고 일부러 즐거운 척하는 건지, 힘이 들어 자신감이 작아지는 건지 확실히 알기 위해 내 속을 가만히 응시하고 판단하는 능력이 생겼다. 내 마음을 알고 나니까 스스로 위로도 해주고 격려도 하면서 힘을 낼 수 있다.

경험해 본 결과, 나처럼 상담을 받으려는 사람은 단단히 각오하고 철저히 준비해야 한다. 물론 시작할 때는 죄다 엄마 책임이었다. 난 처음에 재미없다 의미 없는 시간이다 하면서 안 가기 위해 버티고 또 버텼다. 그러면 엄마는 나를 설득하고 달래느라 힘들어했다. 일주일에 한 시간을 투자하는 게 말처럼 쉽지가 않았다.

열심히 공부하는 건 아니더라도 학원에는 반드시 다녀야만 하는 분위기였기 때문에 학기가 시작될 때마다 학원이 먼저냐 상담이 먼저냐를 따져 시간표를 짜야 했다. 상담 시간을 정해놓고 나서 학원 시간을 맞추는 게 생각보다 어려웠다. 떨어지는 성적을 올리기 위한 방법이 무엇일까를 생각하면 항상 마음속에서 저울질을 하게 된다. 그러다 보면 당장 효과를 볼 수 없는 상담보다는 학원에 우선순위를 둘까 하는 갈등이 생긴다.

이럴 때 엄마가 "상담이 최우선이다!"를 외치며 시간을 조정했기 때문에 중간에 멈추지 않고 상담을 받을 수 있었다.

게다가 돈 문제도 생각해볼 일이었다.

나는 상담받는 중에 가끔 엄마에게 계속 상담실에 보내줄 수 있는지 물어보곤 했다. 결과를 금방 느낄 수도 없는데 혹시 밑 빠진 독에 물 붓는 건 아닌지 사실 의심도 생기고 매달 내야 하는 상담비가 좀 아깝기도 했다. 그렇지만 요즘 학원비 과외비 같은 것 생각하면 상담비는 절대 헛돈이 아니다. 아무리 잘나가는 족집게 선생님을 내 앞에 데려와도 나에게 공부할 마음이 없다면 다 헛수고일 뿐이다.

요즘처럼 기다릴 수 없는 세상에, 더구나 절대 느긋한 성격이 아닌 엄마가 나를 3년 이상이나 상담받게 한 것 자체가 정말 신기하다. 이름 부르면 즉각 대답해야 하고, 밥 먹자 하고 부르면 후다닥 식탁으로 가야 하고, 문제를 지적하면 그 자리에서 당장 해결해놔야 뒤탈이 없는 우리 엄마가 나를 한 주 한 주 상담을 보내면서 무슨 생각을 했을지 무척 궁금하다. 불안한 마음으로 하루하루를 사는 나를 보면서 끝이 어디인지 언제쯤 내가 변할지 간절히 기다렸겠지. 그래, 엄마도 힘들었을 거다. 내가 변했는지 안 변했는지 알기 위해 눈을 크게 뜨고 관찰했겠지? 변화는 엄마보다 내가 먼저 느끼는 건데….

엄마는 그동안이 우리 모두가 함께 성장하고 조금씩 변했던 과정이었다고 말씀하셨다. 너의 생각이 틀렸으니 너만 달라지면 된다고, 네가 문제니 너 혼자서 해결해야 한다고 떠맡기지 않고 함께 생각하고 이야기하고 서로를 이해하는 많은 노력이 있었기에 나는 외롭지 않게 살 수 있다.

상담 초반에 겪는 어려움은 나의 인내심을 시험한다는 각오로 견뎌냈다. 때리거나 소리 질러가며 윽박지른다고 바뀔 아이가 아니라는 것 정도는 알았기에 아이를 설득하려면 내 마지막 힘까지 짜내서 이해시키는 방법밖에 없었다.

상담 시작하고 얼마 지나지 않아 중간고사, 수학여행, 가족여행 등의 행사가 연달아 있어서 상담 횟수가 더디게 늘었다. 새로운 상황에 쉽게 적응할 거라고 기대하지는 않았지만 상담을 대하는 경은이의 태도는 참기가 힘들었다. 유치한 짓이라며 안 가겠다고 고집 피우는 경우는 다반사고, 상담 전날은 시간을 확인했다가 막상 당일이 되면 온갖 짜증으로 내 진을 빼놓았으며, 다짜고짜 그만 다닌다고 어거지 부리는 모습을 보면 얼마나 견딜 수 있을지 회의가 들곤 했다. 10분 후에 출발해야 하는데 무조건 안 가겠다고 버틸 때는 등에서 식은땀이 흐르며 이 아이를 어떻게 설득해야 할지 자신감이 무너져 내렸다.

어느 날은 집에 손님이 계셨는데 그 앞에서 "오늘 정신병원 갈 거야?"라고 물은 적이 있다. 상담실에 다닌다는 사실을 일부러 과장한 것이다. 나는 그저 당황스러워 뭐라 대답해야 할지 몰라 얼굴만 달아올랐다. 경은이의 평소 모습을 단적으로 보여주는 일이었다. 사실은 다른 사람을 신경 쓰면서도 무시하듯이 아무렇게나 생각나는 대로 말해버리기. 그런 자신의 모습을 강하다고 여기며 주변 사람들이 주목해줄 거라는 착각까지….

그래도 상담실이 있는 건물 1층에 도착해서 너무 일찍 왔다고 입을 쭉 내밀고 불만스러워할 때는 얼마나 마음이 편했는지 모른다. 일단 왔으니 상담은 받게 되었다는 안도감이 또다시 돌아오는 한 주를 버티게 했다. 처음처럼 자주는 아니어도 가끔 마음 상하는 일이 생기거나 화가 났을 때 상담실에 안 가겠다고 우기곤 했지만, 10회 정도가 지나자 상담 자체를 거부하기보다는 상담실에서 자기가 좋아하는 것만 하고 싶다는 얘기를 했다. 상담실 안에서는 자신이 주인공이니 자기 마음대로 하겠다는 고집이었다.

상담이 지속되자 경은이의 목소리가 커지고 힘이 생기면서 그동안 일방적이었던 경은이와 아빠의 갈등 상황에 변화가 생겼다. 아빠의 반응과는 무관하게 자신의 생각을 또박또박 말하는 아이에게 남편은 또다시 분노를 느꼈고 갈등은 더욱 깊어졌다. 이런 조건에서 공부를 못하면 도대체 누가 공부를 잘할 수 있느냐며 한숨을 푹푹 내쉬는 남편의 모습에서 상황이 더 심각해진다는 절망감을 느꼈다.

중학생이 된 아들을 평가하는 가장 중요한 기준은 성적이었고, 남편 입장에서 기가 막힌 성적표를 눈앞에 들이미는 아들은 완전히 잘못 크는 것으로 보일 수밖에 없었다. 나 역시 경은이의 성적 앞에 절망하고 걱정하며 어찌할 바를 모르고 당황하기는 마찬가지였다.

그렇지만 경은이가 상담을 받으면서 서서히 아이가 정말 잘못된 건지 의문이 생겼다. 상담 선생님은 불안이 많은 경은이를 위해 아이를 있는 그대로 인정해주라고 하시는데 그렇다면 무엇이 그토록 경은이를 불안하게 만들었는지 알아야 했다. 그리고 일주일에 한 번의 상담만으로 아이가 변화되기를 기다릴 수는 없었다. 주변 환경을 모두 살펴보고 마음이 안정되도록 도와야 한다고 생각했다.

이제는 말 안 듣는 아들, 그런 아들과 싸우는 남편을 부끄럽게 여기기보다는 주위 사람들에게 우리의 현재 상황을 이야기하면서 조언을 얻기로 했다.

조금만 관심 있게 살펴보면 이것은 우리만의 문제가 아니었고 10대 아이를 키우는 집이라면 대부분 겪고 있는 상황이었다. 당사자들이 겪는 문제의 심각성 정도는 다른 사람이 섣불리 판단할 수 없는 것이다. 모두 너무나 힘들고 때로는 지옥 같은 시간이라고 말할 정도니까.

그러다가 우연히 살레시오수녀회 부설 사회문화원에서 '부모 교육' 강의가 있다는 정보를 얻었다. 천주교 신자를 대상으로 하는 종교 강의가 아니라 한 학기 12주씩, 5학기 동안 아이와 부모에 대해 공부하는 심리학 프로그램이었다.

강의를 신청하고 1년 반을 기다렸다. 신청자가 너무 많아 대기자만 몇백 명이라고 했다. 기다리는 수밖에 없었다. 대기자 숫자는 아이와 힘든 시간을 보내는 이 땅의 부모가 얼마나 많은지 짐작케 해주었다.

경은이의 상담은 계속되었고 나도 기다리던 부모 교육 강의를 들을 차례가 되었다. 심리학을 공부하신 수녀님께서 그동안 상담에서 경험

했던 풍부한 사례와 심리학 이론을 통해 아이를 키우는 부모의 마음가짐과 행동이 어때야 하는지 구체적인 가르침을 주셨다.

강의 시작 전에 우리 가족 모두 MBTI 검사를 했다. 강의를 듣는 사람 대부분이 이 검사를 해서 자신과 가족 구성원의 기질을 파악하는 작업을 했다. 검사 결과를 받아 들고 나는 그동안의 걱정과 미스터리를 해결하는 작은 열쇠를 찾은 기분이었다. 자식이 부모의 모든 면을 닮는 게 아니라는 사실을 알게 해준 기회였다.

매우 현실적이고 논리적이며 규범적인 우리 부부에 비해 경은이와 경준이는 외형적인 기질만 제외하고 모든 항목에서 부모와 반대 성향이었다.

눈앞의 상황으로 판단하는 남편과 나, 현실 너머에 있는 의미와 가능성에 무게를 두는 아이들. 꼼꼼한 계획과 그에 따라 실천하지 않으면 불안한 어른들에 비해 계획은 적당히 세우고 상황에 따라 계획을 조절하면서 일을 진행하는 아이들. 옳다고 생각하는 사실과 진실을 기준으로 삼아 규범적이고 질서 있는 생활이 몸에 밴 부모와는 달리 상황 변화에 따른 이해를 기반으로 화목과 조화를 추구하며 사는 아이들. 무엇보다도 최선의 결과가 가장 중요한 부모와 신 나고 즐거운 과정이 중요한 아이들.

타고난 기질이 이렇게 다르다니 더 말해 무엇하랴. 그런데도 자식이기 때문에, 아직 어리기 때문에 아무것도 모른다고 가정해서 잔말 말고 우리를 따르라고 질질 끌어당겼으니 아이들이 느꼈을 답답함을 어떻게 가늠할 수 있겠는가.

일단 아이는 나와 다를 뿐이지 잘못되지 않았다는 사실을 알게 되면서 많이 안도했다. 다만 그동안 자신의 생각과는 완전히 다른 부모의 강요를 거부하고 때로는 억지로 받아들이는 과정에서 입었을 아이의 상처와 분노를 살펴주어야만 하는 과제가 생겼다.

게다가 아이의 생각은 하루가 다르게 커가고 변화하는데 우리는 구체적으로 어떻게 부모 역할을 수행해야 하는지 몰랐다. 그저 걱정 없이 공부할 수 있도록 편안하고 안정된 환경을 만들어주면 된다고 여겼을 뿐이다. 나와 마찬가지로 남편 역시 부모님과 주변 상황을 순순히 받아들여 거기에 맞춰가며 살아온 사람이라 자기 목소리를 내는 아이의 모습이 낯설기만 했다.

부모는 자신의 성장 과정과 같은 기준으로 아이들을 키울 수밖에 없다. 그 방법밖에 모르기 때문이다. 우리는 자라면서 이해받기보다는 수용하는 태도에 길들여졌기 때문에 내 아이라 해도 마음을 이해해주고 공감하기가 너무도 어려웠다. 처음에는 공감 자체가 무엇인지도 몰랐고 내가 타인에게 진심으로 공감해준 경험이 있었는지도 알 수 없었다. 오히려 상황을 있는 그대로 의심 없이 받아들이지 않고 사사건건 문제로 생각하는 아이를 이해하기 어려웠다. 그냥 지키면 되는 학교 규칙이 자신을 옭아매는 굴레로 느껴지다니, 너무 이상했다.

내가 잘못되었다는 의심은 추호도 하지 않은 채 나의 가치관에 근거

해서 아이들의 성장을 비교하고 측정했던 것이다.

만약 아이와 내가 비슷한 기질이었다면 이렇게 힘들지 않았을지도 모른다. 그러나 아이들의 사고 체계와 거기서 나오는 행동 양식 자체가 완전히 나와 달랐다. 나는 같은 상황을 놓고 전혀 다르게 계획하고 실행할 수 있으며 어떤 한 가지 방식만이 최선이라고 말할 수 없다는 다양성의 실체를 몰랐다. 더욱이 내 아이들이 부모와 이렇게 다를 수 있다는 것은 상상도 하지 못했다. 예를 들어 여행을 가기 전에는 무얼 타고 갈지, 어디서 잘지, 어떤 음식을 먹을지 미리 정하고 예약해서 하나의 완벽한 계획안을 만들어놓고 출발해야만 한다고 생각했고 대부분의 사람이 나와 같다고 여겼다. 어쩌다가 갑자기 문득 어디론가 떠나고픈 마음에 여행을 간다는 사람들을 보면, 그 준비성 없음과 즉흥성에 놀랄 뿐이었다.

강의는 첫 시간부터 그저 아이를 낳아 키우면 부모가 된다는 우리의 생각이 얼마나 잘못된 상황과 결과를 만들고 있는지 뼈저리게 반성하는 내용이었다. 강의를 듣고 온 날은 마음이 몹시도 아팠다.

내 아이들은 잘못된 것이 없었다. 전혀! 문제는 바로 나였다. 부모였다. 그렇지만 억울했다. 내가 얼마나 열심히 살았는데….

강의는 집단 상담의 역할을 했지만 몇 달 후에는 개인 상담도 받기 시작했다. 나의 아이를 제대로 알고 인정해주기 위해서는 나 자신을 알아야만 한다는 사실을 깨달았기 때문이다. 순응이 뼛속까지 몸에 밴 나에게 의심 없이 기존의 틀을 깰 용기가 있을지 자신할 수 없었다.

아이의 입장에서 생각해보려고 노력해도 처음에는 이해라기보다는 인내의 과정이었다. 답답하지만 우선 참고 봐주고 들어주고 아이의 기분을 살펴보기로 마음먹으니 당장 아이에게 퍼붓던 잔소리나 참견은 눈에 띄게 줄어들었다.

하지만 이렇게 참고 견디는 시간이 부담감으로 차곡차곡 쌓여갔다. 상대방을 진심으로 이해하지 못하고 그저 견디는 일도 쉽지가 않았다. 이런 답답함은 점점 부피가 커져 어느 순간 예상치 못한 상황에서 조절할 수 없는 분노로 터져나왔다. 눌러왔던 응어리가 폭발해버리는 것이다. 이전과 달라진 점이 있다면 화내는 내 모습을 바라보는 또 다른 내가 생겼다는 것이다. 이런 과정을 여러 번 겪으면서 이해의 단계를 거쳐 감정을 살펴주고 공감해주기의 중요성을 더욱 실감하게 되었다.

시험을 비롯해 여러 가지 일정으로 상담 횟수가 생각만큼 늘지 않는 경은이에 비해 나는 가급적 매주 상담을 받았다. 우리 집에서 상담실까지는 꼬박 한 시간이 걸리는 거리였다. 한 시간 가서 한 시간 상담받고 또다시 한 시간이 걸려 집으로 돌아오는 일정이었다. 내가 그렇게도 중요하게 생각하는 효율성 면에서는 가치 없는 일과였을지 모르지만 내 안을 바라보고 당연하게 여겼던 생각을 다시 되짚어보는, 완전히 새로운 심리적 성찰의 시간이었다. 2년이 넘는 상담 기간이 지나자 일상의 작은 문제에서 출발하여 주변 상황을 전과 다르게 인식하는 나 자신을 발견하게 되었다. 내가 아이를 키우면서 답답할 수밖에 없었던 이유를 명확하게 알게 되었고, 지금 아이가 받는 상담 횟수와 시간으로는 그동 안의 상처를 치유받기 어렵다고 판단했다. 상담 선생님께만 맡겨놓는다 고 상황이 해결될 수 없었다. 아이의 부모인 우리가 변하지 않는다면 힘 겨운 상황이 계속되거나 수면 아래로 가라앉았던 문제가 훗날 더 심각 하게 터진다는 사실을 알게 되었다.

수녀원 부설 기관에서의 상담은 약 80회 정도에서 종료되었지만 둘째 아이가 다니는 상담실에서 계속 상담을 받기로 했다. 나의 과거를 돌이 키며 끊임없이 성찰의 우물 속으로 침잠했던 경험을 이제 현실의 생활과 어떻게 엮어나가야 할지 모색하는 새로운 방향으로 접어들고 있다.

상담을 받고, 나를 생각하고, 아이를 이해하기 위해 많은 책을 읽었다. 우리 집 책장이 심리 관련 서적으로 채워졌다. 청소년을 대상으로 하는 여러 장르의 책도 읽으면서 내가 그들의 입장이 되어보고자 했다. 서서 히 아이를 이해하고 남자와 여자의 차이를 알게 되면서 남편도 이해하게 되었다. 알고 보면 남편 역시 한 집안의 아들 아닌가.

경은이를 못마땅해하고 혼내는 그 자체가 바로 우리의 불안에서 기인 한 것이라는, 인정하고 싶지 않지만 부정할 수 없는 진실과 맞닥뜨려야 했다.

앞으로 전개되는 세부 주제들에서 우리가 겪었던 문제와 변화된 모습 이 구체적으로 나와 있다.

WIND SOUND
가족

3. 아빠보다 내가 월등하다는 걸 증명하겠다

아빠는 나와 같은 남자인데도 어떤 면에서는 엄마보다 더 멀게 느껴진다. 정리 정돈의 대마왕, 계획과 기록의 황제, 거기다가 무시무시한 결단력과 실천력으로 무장했으니 마음 가는 대로 살고 싶은 나를 이해해주는 건 아예 기대도 할 수 없다. 이해는커녕 짐작도 못할 거다.

언젠가 아빠의 사무실에 있는 다이어리를 보고 깜짝 놀랐다. 어떻게 그렇게 소소한 일들까지 기록해놓고 계획할 수 있는 거지? 이런 아빠 앞에서 무슨 말을 해야 할지, 어떻게 내 생각을 말해야 할지 도무지 모르겠다. 아빠라는 사람이 아들의 마음을 티끌만큼도 몰라주고 자기 생각만 강요하는데 화가 안 나고 배겨?

기껏 내 맘에 드는 스타일로 머리를 깎고 가면 도대체 어디를 깎은 거냐며 욕을 해대는 아빠. 왜 아들에게 욕을 하냐고 옆에서 엄마가 한마디 하면 그런 말이 오히려 부자간의 정을 깊게 하는 거라고 우기는 사람에게 어떻게 내 맘을 얘기할 수 있을까.

엄마는 이 아저씨가 어떤 남자인지 제대로 알고 결혼한 건지, 무슨 생각으로 이 사람과 평생을 살겠다고 혼인 신고서에 도장을 꽉꽉 찍은 건지 알 수가 없다.

아빠보다 내가 더 완벽하고 모든 면에서 월등한 사람이란 걸 증명하고 싶다. 하지만 지금 내가 아빠에게 듣는 말은 비난뿐이다.

"난 너 같으면 잠이 안 와. 자신에게 화가 나서 살 수가 없을 것 같은데 어떻게 사니?"

그럼 나는 생각한다.

'그래. 나는 전교 150등짜리, 공부도 지지리 못하는 거지일 뿐이야!'

주위 사람들에게 중고품처럼 대우받는 게 어쩌면 당연하다(1~10회기).

아빠는 중국 여행에서 만난 일행에게 내가 공부를 잘한다고 자랑을 했다. 그러고는 나중에 뻥을 친 거라고 했다. 나는 너무 화가 나서 소리쳤다.

"뻥 아니야! 나 진짜 공부 잘해!"

언젠가 동생이 아빠에게 소원이 뭐냐고 물었다. 아빠의 소원은 우리가 건강하고 공부 잘하는 거란다. 그 말을 듣고 끓어오르는 화를 참을 수가 없었다.

"그렇게나 욕심이 많아? 내가 얼마나 열심히 공부하는데 아직도 만족을 못해? 씨발, 좆나 짜증 나."

그러고는 내 방으로 들어왔다.

중간고사가 끝났지만 나는 쉬지 않고 공부하고 있고 중간고사 성적이 (뭐 과목마다 차이는 있지만) 전에 비해 많이 좋아졌는데 도대체 얼마만큼 해야 만족을 하시는 걸까?

아빠와는 말도 하기 싫다(15회기). 아빠가 말을 걸어도 지금처럼 계속 못 들은 척할 거다.

가끔 수학 학원 선생님이 내 아빠였으면 하는 생각을 한다. 선생님의 고3 아들이 가끔 학원에 찾아오는데, 그러면 선생님은 "이 똥개! 얼마나 공부했는지 한번 보자" 하고 웃으신다. 내가 알기로 공부를 잘하는 아들도 아닌데 선생님은 야단을 치지 않는다. 게다가 '똥개'라는 장난스러운 호칭도 부럽다. 우리 아빠도 내 성적표를 보고 화 안

내고 가끔이라도 웃으면서 장난을 쳐주면 얼마나 좋을까.

중3 가을에 갑자기 할아버지가 돌아가시고 나서 아빠는 화내는 증상이 심해졌다. 조절이 안 되는 것 같다. 아빠의 괴로운 심정은 이해한다. 그렇지만 나까지 괴롭히는 건 참을 수가 없다. 용기를 내어 아빠에게 필요 이상으로 화내는 일은 없었으면 좋겠다고 말씀드렸다. 아빠는 베란다에 나가 담배를 피우고 들어와서 미안하다고 하셨다(28회기). 사과를 해주시니 고맙기는 했지만 갑자기 아빠의 인생이 불쌍하다는 동정심이 생겼다.

아빠 앞에서 내 생각을 말할 수 있는 힘은 생겼어도 아빠가 자기 뜻을 굽히거나 나를 있는 그대로 인정해주는 건 아니다. 나는 나름대로 열심히 하는데 아빠는 생활 습관이나 공부 방법으로 내가 앞으로 별 볼일 없는 사람이 될 게 분명하다고 자꾸 말한다. 아빠 눈에는 내가 시간 낭비만 하는 한심한 인간으로 보이는 게 확실하다. 화가 나서 내 뜻을 정확하게 말해야겠다고 결심했다.

"아빠가 하려는 얘기 다 알고 있으니 자꾸 반복하지 마세요. 나는 내 계획이 있어요."

그러자 아빠는 기가 막힌지 오히려 특별한 반응을 보이지 않으셨다(32회기). 아빠 말씀을 순순히 듣기는커녕 좀 컸다고 고개 빳빳이 들고서 내 생각을 말하는 나를 포기한 건지도 모른다. 나와 얼굴 부딪치기 싫어서 늦게까지 운동을 하고 들어오셨다. 차라리 그게 마음 편했다. 이 말 저 말에 흔들리지 않고 잔소리도 듣지 않고 내 생각대로 나가기만 하면 되니까.

그렇지만 이런 평화는 오래가지 않았다. 아빠는 나를 불러 저녁을 사주면서 내가 얼마나 허접한 아들인지 느끼게 해줬다.

"많이 먹어둬라. 지금 너 하는 모양새를 보면 이다음에 니 처자식에게 이런 음식 사줄 능력은 없을 게 뻔하니 아빠가 사줄 때 많이 먹어."

나는 아무 말 없이 그냥 먹었다. 입에서는 맛있지만 두툼한 참치가 목구멍으로 넘어갈 때 이상한 느낌이 들었다.

아빠가 보기에는 계속 바닥에서 헤매고 있는 내가 계획을 말한들 헛소리라고 몰아붙일 게 뻔했다. 이럴 때는 그냥 조용히 먹는 게 남는 거다. 그런데 음식점을 나올 때는 심장이 마구 뛰고 불안해져서 어떻게 해야 할지를 몰랐다.

드라마 〈공부의 신〉에 나왔던 홍찬두 아빠는 내가 원하는 자상한 아빠의 모습은 아니지만 과묵하기라도 했다. 아들이 성에 차지 않고 불만스럽더라도 홍찬두 아빠는 가끔 한마디씩 혼내고 눈에 힘을 줬는데 우리 아빠는 나만 보면 이래라 저래라 사사건건 참견이며 노상 눈동자에 힘을 주고 나를 쳐다본다. 거기다가 아들 기죽이는 데는 이런 도사가 따로 없다. 중3 때 점수가 많이 오른 성적표를 자랑스럽게 내보이며 말했다.

"아빠, 나 사회는 전교 0.5퍼센트 안에 들고 과학은 8퍼센트 안에 들어. 그리고 수학은 정말 자신 있어. 이 정도면 잘하지 않아?"

그러자 아빠는 내 힘을 쏙 빼놓았다.

"난 0.3퍼센트 안에 드는 사람이었거든."

할 말이 없었다. 아파트 옥상에 뛰어 올라가서 소리치고 싶었다.

'그래, 씨발 너 열라 잘났다!' (34회기)

아빠는 내가 초등학생 때부터 힘든 곳에 보내서 정신을 차리게 해야 한다고 시간만 나면 겁을 주었다. 너무 편하게 살아서 이 모양 이 꼴이라나?

양말을 아무 데나 벗어놓거나, 밥을 돼지처럼 많이 먹거나, 학원 가기 싫다고 게으름을 피우거나… 하여튼 아빠 마음에 안 들면 강원도 깊은 산속에 있는 학교로 보낸다고 했다. 공부하면서 땅도 파고 곡식도 가꾸며 노동을 해야 사는 게 만만치 않다는 걸 알고 철이 든다고 했다.

아빠가 말하는 산속의 '신림학교'라는 곳이 실제로 있는지, 있다면 강원도 어디쯤에 있는지 알 수 없었지만 그 말을 들을 때마다 아주 귀를 틀어막고 싶었다. 내가 얼마나 보기 싫으면 깡촌으로 보내버리려고 할까?

중2쯤부터는 신림학교에서 중국으로 장소가 변했다. 그 성적으로는 미래가 전혀 안 보이고 막막하니 중국에 가서 공부하라고 했다. 게다가 국제학교가 아닌 일반 로컬 스쿨을 알아놨으니 거기 기숙사에서 매운맛을 보면서 공부하다 보면 저절로 사람이 된다는 게 아빠의 계산이었다.

컴퓨터게임 하는 걸 볼 때마다, 성적표 받아올 때마다 점점 심하게 압박했다. 나는 매번 싫다고 했지만 내 뜻을 선선히 받아줄 아빠가 아니었다. 하는 수 없이 마지막이다 생각하고 항거했다.

"나는 정말 가기 싫지만 보내려면 보내세요. 내가 무슨 힘이 있나요. 가라면 가야지. 엄마 아빠가 마음에 안 드는 자식 중국에 갖다 버리는 거라고 생각하면 간단해요."

그 후로 아빠는 중국에 가라는 말을 하지 않았다.

방학 중에는 학원 자습실에서 밤 12시까지 공부했다. 집에 와서 저녁을 먹고 좀 쉬다가 푹 자고 싶은데 오히려 잠이 달아나고 정신이 맑아졌다. 새벽 네다섯 시가 돼서야 잠이 들고 그러다 보니 아침에 늦잠을 잔다. 내가 아침형 인간이 아닌 건 분명하지만 내 딴에는 저녁형 인간으로 열심히 살고 있다. 그런데 아빠는 이런 생활 습관을 꼭 문제 삼는다. 시간을 효율적으로 쓰지 못한다면서 "한심한 놈, 한심한 놈" 한다(39회기).

사실 아빠도 나와 마찬가지로 완전 올빼미 인간이다. 일 때문이라고 하지만 밤이 깊도록 맑은 정신으로 앉아 있는 건 어차피 우리 둘 다 마찬가지 아닌가. 단지 아빠는 어른이기 때문에 문제가 없고 나는 성적이 개쓰레기인 중딩이기 때문에 고쳐야 할 버릇으로 여겨질 뿐이다.

아빠는 항상 이런 식이다.

스스로 노력을 하지 않아서, 아니면 부족해서 뒤떨어지는 사람들은 어쩔 수 없다는 논리다. 사람이 노력해서 이루지 못할 것은 이 세상에 없으니 사회 탓 부모 탓을 하는 사람들은 다 자신의 게으름을 감추기 위한 핑계일 뿐이라는 주장이다.

그렇지만 내 생각은 다르다.

개인이 아무리 노력해도 넘을 수 없는 어려운 상황들이 우리 주위에는 너무 많다. 이런 어려움을 극복할 수 있는 공평한 기회와 도움을 줘야 사람 사는 세상이라고 할 수 있다. 아빠의 살벌한 정글 법칙 인생관과 나의 무한 애정 가치관은 시도 때도 없이 부딪친다.

그래도 아빠가 가슴 한구석에는 따뜻함이 있다는 것을 아는 계기가 있었다. 아주 그냥 피도 눈물도 없는 인간인 줄 알았는데 정말 의외였다.

어느 날 엄마가 나에게 이메일 한 통을 보여주었다. 아빠가 교복을 못 사는 학생을 돕기 위해 기부금을 냈는데 도움을 받은 학생이 보낸 감사의 편지였다. 처음에는 교복 살 돈도 없는 학생이 그렇게 많다는 사실에 놀랐고 내 아빠가 선뜻 한 학생의 교복 값을 지원했다는 말에 또 한 번 놀랐다. 평소 아빠가 말했던 소신대로라면 교복 살 돈 없으면 학교 안 다니면 그만 아니냐 이게 맞는데 말이다. 아마도 내 또래 애들이 어려움을 겪는 게 안타까워 그 단단한 지갑을 열게 되었나 보다. 전혀 알지 못했던 아빠의 모습에 기분이 좋긴 했다.

그러면서 이런 생각도 들었다. 혹시 아빠는 차갑고 딱딱한 모습으로 자기를 포장해야 다른 사람이 함부로 대하지 못하는 강한 사람으로 인정한다고 오해하는 건 아닐까? 아빠가 보여준 여유와 따뜻함 때문에 사실 좀 멋져 보였다. 정말 흔치 않은 일이지만.

내가 열심히 공부할수록 아빠의 잔소리가 줄어드는 건 분명하다. 그런데 이제는 공부량이 아닌 공부하는 방법을 간섭한다. 내가 하는 공부법은 효율성이 뒤떨어지니 아빠가 말하는 방법으로 하라고 요구한다. 해야 할 일을 제대로 하면서 곁눈질한다면 놔두겠지만 지금의 수준은 아직 부족하니 아빠의 충고를 받아들이라고 한다.

정말 울화통이 터진다.

물론 착한 아들인 양 아빠의 강요를 받아들이지는 않는다. 하지만 예전처럼 아빠를 사나운 눈빛으로 쏘아보거나 아빠 말이 끝난 다음 등 뒤에서 주먹질하는 유치한 짓은 안 한다. 내가 공부 땜에 걱정되는 만큼 아빠도 나를 걱정하는 마음이겠지.

아빠는 아무래도 나를 아들이 아니라 분신으로 느끼는 것 같다. 엄마도 간혹 답답해하신다.

새벽 2시에 공부를 끝내면 아빠가 데리러 오기도 하셨다(45회기). 이건 쉬운 일이 아니다. 아빠는 운전을 싫어하신다. 기계가 관계된 물건은 일단 외면하는 사람이다.

신혼 때 엄마가 형광등을 갈아달라고 부탁했더니 뜬금없이 드라이버를 들고 나타나 조명 박스를 통째로 뜯어냈다는 아빠의 황당한 이야기를 들으면서 엄청 웃었다. 그래서 면허증은 있지만 우리 집 운전은 전적으로 엄마 몫이다.

가끔 엄마는 불평 어린 목소리로 말씀하신다.

"당신은 정말 결혼 잘한 거야. 요리사에 청소부, 유모, 거기에 운전기사까지 한 방에 해결했으니 완전 운수 대통한 거라구."

상황이 이런데 환한 낮도 아닌 깊은 밤에 엄마도 없이 아빠가 손수 운전을 해서 나를 데리러 왔으니, 솔직히 좀 감동했다.

내가 점점 더 공부에 집중하고 몰두해서인지 시험 성적이 별로인데도 아빠는 나를 위로해주고 격려도 해주셨다. 학교에 다시 내야 하는 성적표에 직접 메모도 해주셨다. 아빠가 갈수록 의외의 모습을 많이 보여주신다.

그렇지만 아빠도 속상한 건 계속 참고 숨길 수는 없겠지. 습관이 된 잔소리도 쉽게 사라지지는 않는다. 아빠 잔소리에 발동이 걸리면 이제는 당당히 말하게 되었다.

"아빠, 나한테 공부에 대해서는 잔소리하지 마세요. 아빠가 자꾸 그러면 나 공부 안 할 거야."

이러고 나면 마음속에 화나 원망은 안 남는다(51회기).

아빠는 내가 강하게 나가자 말로는 공부에 대해 포기했다고 하신다. 물론 아들로서는 절대 포기한 건 아니라나? 어쨌든 이제 아빠가 공부에서만큼은 충고할 여지가 없다는 걸 인정한다는 뜻으로 받아들였다(55회기).

함께 운동을 하다가 내가 지금 목표로 삼을 수 있는 대학을 얘기했다.

"그 정도만 가도 좋겠다."

아빠가 나에게 거는 기대가 너무 크지 않아서 안심하기도 했지만 나에게는 이 정도 선에서 만족할 수밖에 없으니 마음을 접었다는 소리로도 들려서 한편으로는 모욕감 비슷한 감정도 들었다(65회기).

내가 아무리 열심히 공부한다고 해도 아빠와 나는 기본적으로 방법이 너무 달라서 갈등이 생길 수밖에 없다. 물론 아빠가 나를 미워해서 그런 거라곤 생각하지 않는다. 아빠는 인생 선배로서 나를 옳은 방향으로 이끌어주고 싶긴 할 것이다. 생각이 바뀌고 나니 아빠가 무슨 말을 해도 속이 상하거나 화가 나지 않는다. 아빠가 좀 더 좀 더 하는 간절한 마음으로 나에게 기대하는 게 더 이상 부담스럽지 않다. 이제 아빠보다 내가 더 나 자신을 채찍질하고 있으니까.

고2 여름, 아빠의 생신날.

나는 짧은 메모와 함께 담배 세 갑을 선물로 드렸다. 하루 한 갑 정도 담배를 피우는 아빠지만 이제는 건강을 생각해서 일주일에 세 갑으로 줄였으면 좋겠다는 의미로 마련한 선물이다. 그리고 즉석에서 공책 한 귀퉁이를 찢어 생일 카드로 둔갑시켰다.

아빠는 다름과 틀림을 구분할 정도로 내가 성숙했다는 것이 대견하게 보이는 것 같았다. 당연히 담배 선물도 마음에 들고 말이다.

엄마에게는 가끔 존댓말을 쓴다. 휴대전화로 문자 메시지를 보낼 때에는 거의 존대를 한다. 처음에 엄마는 내가 장난하는 줄로 아셨는데 점점 자연스럽게 받아주셨다.

아빠에게도 존댓말을 써야 한다고 생각하지만 이상하게 잘 안 된다. 어른이 되어서도 엄마를 엄마로 부르면 흉이 안 될 것 같은데 아무래도 다 큰 남자 어른이 아빠를 아빠라고 부르면 낯이 간지러울 것 같다. 그래서 호칭도 아버지로 바꿔야겠다고 다짐했는데 그것도 쉽지가 않다. 내가 "아버지!"라고 하면 아빠는 웃으면서 "왜 그러셔, 아드님" 한다. 아무래도 아직 우리 부자는 아빠와 아들로 더 지내야 할 듯싶다.

고3 시작 며칠 전에 경준이와 아빠와 이런저런 이야기를 했다. 잠꾸러기 엄마는 이미 취침 중이었다.

현재 수준을 봤을 때 수시 원서를 어느 대학에 넣고 싶은지 이야기했다. 대학 여기저기에 심리학과, 경영학과, 신문방송학과, 또 국문학과까지 넣고 싶었다.

이런 내 생각에 아빠는 의외의 반응을 보이셨다. 분명한 목표를 정해서 정확하게 과녁에 맞도록 노력해야지 너무 산만하지 않냐고 걱정하실 줄 알았는데 오히려 격려를 해주셨다.

"너 하고 싶은 게 있으면 할 수 있는 데까지 해봐."

아빠가 내 마음을 이해해주시는 것 같아 마음이 편안해지고 조금은 놀라웠다. 방학 동안 내가 열심히 공부해서 이렇게 변하셨나 하는 생각도 들었다. 이때 아빠의 새로운 질문이 날아들었다.

"신문방송학과는 새롭게 추가된 학과네?"

난 솔직한 마음을 얘기했다.

"왠지 방송국 일에 새끼발가락이라도 담가보고 싶어서."

나는 당연히 비난이 쏟아질 거라고 예상했다. 아직도 연예인이 되고 싶다는 망상을 못 버렸냐, 연예인의 꿈이 그런 식으로 변질되고 있냐, 신문방송학과 나온다고 방송국에 들어간다는 바보 같은 소리를 누가 하더냐 이런 잔소리를 들어도 전혀 놀랍지 않은데 그런 낌새는 조금도 없었다.

다른 사람이 정해주는 게 아닌, 스스로 하고 싶은 일을 찾는 과정도 필요하다는 걸 아빠는 이제 알게 됐나 보다. 이런 아빠의 지지가 나에게 얼마나 큰 힘이 되는지 모르실 거다.

그동안 나는 많은 의문이 있었다. 아빠는 왜 너그럽지 못할까, 왜 아들의 작은 잘못도 봐주지 않고 꼭 자기 방식대로 고치려고 할까 등등. 그래서 아빠의 뜻을 거스르고 내 생각대로 하고 싶어서 몸부림쳤다.

하지만 이제 아빠는 이런 사람이구나, 이런 점에서 나와 생각이 다르구나 하고 인정하게 됐고, 그러고 나니 마음이 편해졌다. 봉사 활동으로 갔던 몽고의 초원에서 가슴 깊이 들이마셨던 순수 100퍼센트의 자유로 살 수 있을 것 같다.

아빠와 대립하고 갈등하고 내가 옳다는 걸 주장하고 일깨워주기 위해 안간힘을 쓰다 보면 처음 세웠던 목표는 잊어버리고 아빠를 이기기 위해서만 몰두하는 이상한 상황이 벌어졌다. 구체적인 계획도 없이 지금 아빠가 하는 일을 해서 깜짝 놀랄 정도로 사업 규모를 크게 만들어놓고 싶다는 마음이 바로 이런 것이다. 내가 하고 싶은 분야를 찾아야겠다는 마음보다는 아빠를 이기고 싶다는 욕심만이 내 마음속에 꽉 차 있기 때문이다.

나를 인정하지 않는 부모님이 잘못됐다는 걸 깨우쳐주려고 부모님이 알고 있는 나보다 실제의 나는 훨씬 뛰어난 능력이 있다는 것을 하루빨리 보여주어야 한다. 내가 얼마나 갖가지 방법으로 몸부림을 치는지 아무도 모를 거다. 나에게 중요한 일은 부모님을 이기는 게 아니라 내가 행복해질 수 있도록 준비하는 과정인데 말이다.

쉽지는 않겠지만 내가 가장 먼저 해야 할 일은 아빠를 인정하고, 엄마를 이해하고, 주변의 모든 상황을 있는 그대로 받아들인 후 방향을 잡고 방법을 찾는 것이다. 물론 나와는 다른 생각들이 충고 이상으로 강요되면 다시 튀어나가고 싶어진다. 하지만 이런 충고들을 튀는 공처럼 받아치기보다는 걸러내는 여유를 만들어야 한다. 나의 상황과 사람을 그대로 받아들이는 것이다. 그러나 네 생각은 틀렸다, 내가 말하는 방향만이 옳다는 식의 친절한 가르침은 사양이다. 그것은 강요에 불과하므로 단호히 거부하겠다.

아빠가 말하는 시간 활용 방법이 잘못된 것은 아니지만 내 생활 리듬과 너무도 달랐다. 하지만 무조건 듣지 않겠다고 고집을 피우기보다는 아빠의 조언 중에서 내가 선택할 것은 없는지 잘 검토해보고 내 생각을 말한다면 아빠도 내가 사사건건 반항만 하는 아들이 아니라는 걸 인정하게 될 것이다. 이렇게 말해보는 거다.

"지금의 내 방법이 나한테는 더 효율적입니다. 이 방법으로 하다가 문제가 생기면 아빠의 방법을 참고해서 고쳐나가겠습니다."

내 침대 머리맡에는 작은 사진 액자가 있다. 경준이가 두 살, 나는 여섯 살 무렵의 사진이다. 거실에서 우리 둘이 아빠의 양쪽 무릎에 앉아 있다. 특별한 날의 풍경은 아니고, 우리가 어릴 때 엄마는 시도 때도 없이 사진을 찍어댔으니 그 많은 사진 중 하나일 것이다.

요즘 잠들기 전에 그 사진을 흘끗 보면 항상 거기 있던 아빠의 얼굴이 왠지 새로워 보인다. 사진 속의 아빠는 30대 중반의 아저씨다. 내 머릿속에 박혀버린 아빠의 이미지와는 많이 다르다. 사진 속의 아저씨는 불안과 걱정이 가득한 눈빛으로 카메라 앵글을 바라보고 있다. 무한 경쟁의 시장 원리로 중무장하고 절대 낙오되지 않고 앞서 나가기 위해 끝없이 노력하는 강인한 워크홀릭의 현재 모습과는 완전 다르다. 양쪽 무릎에 앉아 있는 경준이와 내 무게가 아빠가 감당해야 할 책임감을 몇 배로 크게 했겠지. 내 아들들을 잘 키워내야 한다는 무작정의 결심이 자연스럽게 웃는 방법을 모르는 아빠의 얼굴을 더욱 굳게 만들었는지도 모른다. 경준이와 나는 하얗게 앞니를 드러내면서 웃고 있고, 아빠 혼자 불쌍한 얼굴을 하고 있다.

침대 머리맡의 사진

전에는 그냥 아무 생각 없이 봤던 사진인데 이제야 아빠의 표정 뒤에 숨은 느낌이 와 닿는 건 왜일까. 내가 그만큼 컸다는 걸까. 이제 좀 어렴풋이 알 것 같다. 내가 짊어지고 가야 할 삶의 책임감이 아빠와 같다는 걸. 즐거움과 보람 뒤에는 반드시 힘겨움과 극복해야 할 어려움이 있다는 걸.

하지만 나를 바라보는 아빠의 눈빛은 더 이상 사진 속처럼 불안하지 않다. 아빠의 마음에 여유가 생겼고, 그래서 내 미래를 그냥 나에게 맡기기로 결정했기 때문이다. 아빠 방식대로 나를 키우는 게 아니라 그냥 바라보고 응원해주기로 한 게 분명하다. 결국 나를 믿기로 하신 거다.

앞으로 아빠를 위해서가 아니라 나를 사랑하는 마음으로 산다면 아빠의 얼굴은 점점 더 편안해질 것이다.

아빠는 충분히 존경받아야 한다. 내가 원하는 공부를 어려움 없이 할 수 있는 환경을 만들어주었다. 이게 말처럼 쉬운 일은 아닐 것이다. 내가 이다음에 결혼해서 자식을 낳아도 아빠처럼 가족을 살게 해줄 수 있을지 쉽사리 장담을 못하겠다. 그만큼 아빠는 능력이 있고 그런 면에서 아빠를 존경한다. 그동안 내 마음을 몰라준다고 서로 다시는 안 볼 사람처럼 대한 적도 있다. 하지만 이제 전보다는 훨씬 인정하는 눈으로 서로를 바라보게 되었다.

그래, 이제는 알겠다. 이만한 아빠는 흔치 않다. 난 여전히 가끔 아빠에게 대들기도 하겠지만 아빠가 내 아빠라서 너무 고맙고 좋다.

　경은이와 아빠가 보여줬던 부자간의 갈등은 우리 집 분위기를 좌지우지하는 아주 중요한 요인이었다. 경은이의 일상생활, 성적, 말투 어느 것 하나 남편 성에 차지 않았다.

　남편은 경은이 말대로 의지를 갖고 노력한다면 성취하지 못할 일이 없다고 생각하는 전형적인 자수성가형이다.

　자신에게 한없이 엄격하고 모든 상황에서 성실함을 인정받고 산다. 또한 자신이 맡은 분야에서는 누구나 인정하는 최고가 되기 위해 끊임없이 노력하며 절대로 긴장을 늦추지 않는다. 어떤 사람도 일에 관한 한 남편의 전문성과 추진력을 부정하지 못한다. 당연히 남편 입장에서는 주변 사람에게 거는 기대치도 비슷하다.

　더구나 자신의 분신인 아들에게는 단순히 '기대'라는 표현으로는 부족할 만큼 삶의 목표와 희망을 품고 있다. 가족을 대하는 자세 또한 스스로 완벽함을 추구한다. 내 가족을 절대로 힘들게 하지 않기 위해 얼마나 고군분투하는지 나는 안다. 아이들에게 좀 더 나은 환경을 만들어주기 위해, 자기가 생각하는 최고의 아빠가 되기 위해 누구보다도 노력한다. 책임을 회피하지 않고 적극적으로 완벽하게 수행해내는 능력은 그 자체로 충분히 가치 있고 멋지다.

　"나는 정말 최고의 아빠야."

　이렇게 자화자찬할 때 동의할 수밖에 없다.

　지금까지 살아왔던 가치관과 방식이 옳았기에 현재의 결과가 있다고 확신하는 남편은 언제나 확고하게 자기의 생각을 주장하며 실천한다. 나 역시 성실 근면함에서는 남편과 같은 모습으로 살아왔기에 우리 두 사람은 서로에게서 자기의 모습을 확인하며 살았다.

하지만 아이를 키우면서 이런 확신에 심각한 균열이 생겼다.

우리가 옳고 아이는 틀렸다.

남편이 잘못 자라는 아이에게 화를 내기 시작하면 온전히 그 잔소리를 받아내야 하는 경은이 본인뿐만 아니라 나와 경준이까지 극도의 긴장 상태가 되었다.

중학교 2학년 때까지만 해도 강하고 힘 있는 아빠에게 직접적으로 반항하는 일이 거의 없었지만 모든 면에서 서로의 감정은 악화되고 있었다.

상담을 시작한 후에는 아빠에 대한 불만을 대놓고 말하기도 했고 때로 아빠보다 능력 있는 사람이 되는 환상을 품기도 했다. 시간이 흐르면서 경은이는 아빠 자체를 미워하기보다는 아빠의 못마땅한 태도를 지적하면서 아주 강하고 직설적으로 표현했다.

놀이 치료를 시작하고 아이는 서서히 스스로를 조절하는 능력이 생기는 듯했다.

아빠가 이어폰 끼고 랩을 따라 부르는 걸 혼내는 이유가 미움 때문이 아니라 세대간의 문화 차이 때문이라고 설명해주니 금방 알아들었다.

가끔 편안한 얼굴로 내 마음까지 헤아려주는 여유도 생겼다.

상담이 15회기를 넘으면서 막말을 하거나 나를 향한 공격은 누그러 졌지만 아빠와 갈등이 생기거나 짜증 나는 상황이 며칠 계속되면 다시 욕을 해대기 시작했다.

이즈음에 남편이 다리에 화상을 입었다. 상처 부위도 크고 정도도 꽤 심각했다. 회사 출근이 어려워 계속 집에 있다 보니 경은이와 부딪치는 시간이 저절로 늘어났다.

처음에는 아빠의 상처에 관심을 갖고 위로도 하며 슬쩍 상처 부위를 누르는 장난도 쳤지만 약간 소강상태에 접어들었던 둘의 관계가 다시 이전으로 되돌아갔다. 사사건건 참견하고 자기 방식을 강요하는 아빠 를 견디지 못하고 상스런 말들을 계속 뱉어내면서 예전의 사납고 무서 운 눈빛이 다시 나왔다. 아빠의 말에는 무조건 거세게 반항하고 아빠의 인사도 안 받으며 투덜투덜대기를 며칠이나 계속했다.

시부모님을 만나 식사를 하는 어느 날이었다. 기력이 떨어진 아버님 께서 계속 음식을 흘리고 재채기까지 하셔서 식탁 위에 음식이 흩어지 며 지저분해졌다. 나와 남편이 수습하려고 일어서는데 옆에 앉아 있던 경은이가 얼굴도 찌푸리지 않고 조용히 일어나 "내가 닦을게" 하며 할 아버지를 도와드렸다. 그 모습을 보면서 남편은 조금 놀라는 표정을 지 었다.

평소대로라면 식사 분위기 망쳤다고 화를 버럭 내면서 일어나 아빠에게 예의 없는 놈이라고 혼나고, 결국 우리 모두 제대로 된 식사를 하기 어려웠을 텐데 이렇게 주변 사람을 진심으로 이해하고 대하는 경은이의 따뜻한 마음이 많이 고마웠다. 나중에 남편도 경은이에게 고맙다고 칭찬을 해주었다. 이제 경은이는 더 이상 어른을 무조건 거부하거나 자기에게 맞춰달라고 응석 부리는 아이가 아니었다. 이런 작은 변화가 나에게는 큰 힘이었고 시간이 흐른 뒤에도 잊지 못할 추억이 되었다.

외국에 가서 공부하라는 아빠의 말을 당당하게 거부했던 중학생 경은이. 지금 생각해보면 남편보다 더 고단수였던 것 같다.

'그래, 난 힘없으니 니들이 하라는 대로 한다. 그렇지만 니들은 맘에 안 들면 자식도 갖다 버리는 비정한 부모야.'

아들이 했던 협박은 사실 이 말이었을 것이다. 눈물도 없이 눈 동그랗게 뜨고 말하는 자식 앞에서 끝까지 자식을 떼어 보내는 부모가 있을까! 남편이 아이가 원하지 않는 유학을 굳이 강요했던 이유를 아직도 모르겠다. 아이를 자극하기 위한 단순한 협박이었는지, 아니면 진짜 보낼 생각이었는지…. 누구를 위해서였을까?

그때 아빠의 계획에 자기 뜻을 강하게 말하지 않고 억지로 유학을 갔더라면 지금 경은이와 우리는 어떤 모습이 되어 있을까? 역사에 '만약'이라는 가정은 있을 수 없지만 가끔 이런 상상을 하다 보면 자꾸 등골

이 서늘해진다.

하지만 정작 경은이는 그때 유학 가지 않았던 것을 가끔 후회한다. 혼자 생활하면서 겪어낼 어려움은 생각하지 않고 외국에서 공부하고 돌아왔을 때의 여러 가지 유리한 점들이 이제야 절실히 필요하다고 생각하는 것이다. 그러면서 자꾸 동생에게 유학을 권한다.

"형은 아빠가 보내려고 할 때 안 가겠다고 버틴 게 지금 후회돼. 기회가 되면 갔다 오는 것도 나쁘지 않아. 너는 갔다 와."

"그렇게 가고 싶으면 형이나 가. 자기는 안 갔으면서 왜 나한테는 가라고 하는 거야? 웃겨."

이런 동생의 대답을 들으면 경은이는 어떤 생각이 들까?

상담이 50회 즈음에 접어들고 경은이가 자기 입장을 분명히 말해도 남편의 불안은 쉽게 없어지지 않았다. 당연히 한번 시작한 잔소리는 며칠 동안 계속되었다. 아빠의 태도에는 큰 변화가 없지만 그런 아빠를 대하는 경은이는 확실히 달라졌다. 전처럼 아빠 앞에서 필요 이상으로 긴장하거나 끓어오르는 화를 주체하지 못해 힘들어하는 대신 좀 더 여유 있는 태도를 보였다.

"난 원래 아빠 말에 크게 신경 안 써."

70회 이상 상담이 진행되었을 때 경은이와 아빠의 관계가 좋아졌다.

주위 사람들도 느낄 수 있을 정도였다. 남편의 불안은 부피가 작아졌고 경은이는 아빠에게 친구 같은 아들로 크고 있다. 퇴근해서 들어오는 아빠를 보며 "내가 제일 좋아하는 아빠다!"라고 말하며 뛰어나가 반기기도 하고, 일 때문에 힘들어하는 아빠에게 "힘내세요" 하면서 격려하기도 한다.

경은이 아빠도 행동에 작은 변화가 생겼다. 마음에 들지 않더라도 일정 시간 참고 지켜보는 인내심을 발휘하게 되었다.

다음은 방학 동안 밤낮이 바뀐 아들을 보면서 남편이 남긴 편지다.

아들아,

이 글은 오후 1시 25분에 쓴다. 아빠는 과외 선생님이 오시기 때문에 먼저 회사에 간다. 몇 번인가 너를 깨우려고 하다가 네가 피곤하게 자는 모습이 안쓰러워서, 또 도대체 언제까지 잘 수 있는지 보고 싶어서 깨우지 않았다.

네가 이 글을 본다면 아마도 과외 선생님이 초인종을 눌렀던지 (아니면 선생님이 초인종 누르다가 아무도 문을 안 열기에 네게 휴대전화를 하던지), 또 그도 아니면 선생님은 그냥 돌아가고 네가 스스로 깼던지 아마 그때쯤일 것 같다.

엄마는 약속 있어서 나갔으니 네가 선생님이 오셔서 일어났다면 냉장
고에 준비해놓은 차와 과일 드려라.

아빠 점심 먹을 때 깨울까 하다가 어차피 일어나자마자 먹는 게 힘들
것 같아서 그만두었다. 과외 끝나면 라면 끓여 먹어라.

– 아빠

경은에게 생일 선물과 카드를 받은 다음 날 아침, 남편은 뜬금없이 경
은이 방에 들어가 옷장을 열더니 아이의 티셔츠 몇 장을 들고 나왔다.

"이젠 나랑 덩치가 비슷하니 옷을 같이 입어도 될 거야."

이러면서 이것저것 한 벌씩 돌아가며 입어보았다.

물론 같은 사이즈의 옷이 많아서 입어서 안 될 건 없지만 10대 아들
이 입는 옷의 디자인과 색상을 내일모레 50이 되는 아빠가 자연스럽게
소화해내기에는 무리가 있어 보였다. 내 생각을 넌지시 비쳤지만 별로
상관없다는 듯 행동하며 작은 그림이 그려져 있는 티셔츠를 입었다.

아들의 옷을 꺼내 입는 남편의 행동은 그만큼 경은이를 친숙하게 여
기고, 서로 통하는 아들이라고 인정하는 마음의 표현이 아니었을까? 꼴
도 보기 싫고 마음에도 안 드는 아들이라 여겼다면, 같이 옷을 입고 싶
다는 생각은 아예 들지도 않았으리라는 게 나의 짐작이다.

남편과 경은이가 사소하게 언쟁을 벌여도 이제 나는 불안하지 않다.

가끔은 언성을 높이며 서로 마음에 들지 않는 모습을 비난하기도 하지만 시간이 지나면서 상대방의 입장을 생각하고 자신의 잘못과 고칠 점을 찾아내 화해하기 때문이다.

어느 날 오후에 남편이 옷장 문을 열다가 손가락이 끼어 비명을 질렀다. 뛰어 들어가보니 다친 손가락을 반대 손으로 쥔 채 잔뜩 인상을 찡그리고 있었다. 그 모습을 보면서 경은이가 "으하하하!" 큰 소리로 웃기 시작했다. 남편 입장에서는 심한 통증을 참기도 힘든데 옆에서 위로는커녕 박장대소하는 아들이 얼마나 야속하고 미울지 충분히 짐작이 됐다. 결국 남편이 소리를 질렀다.

"생각 없는 자식 놈 봐주기가 정말 힘들어!"

남편은 한숨을 푹푹 쉬더니 경은이가 꼴도 보기 싫다며 운동을 하러 나갔다.

집에 남은 나머지 식구들이 경은이를 비난했다. 다른 사람의 아픔을 웃음거리로 삼는 비열한 사람이 내 아들, 형이라는 게 실망스럽다고 한마디씩 했다.

그 당시 경은이는 이미 자기 행동에 문제가 있다는 것을 분명 알았겠지만 일단 우기기로 마음을 먹었었나 보다.

"아직까지도 몰랐어? 난 이기적이야. 웃기면 웃는 거지 도대체 뭐가 문젠데."

이런 말도 안 되는 소리로 자기 행동을 변호했다.

우리의 일방적인 비난이 아이를 도리어 반항하게 만들었던 것 같다.

"앞으로 내가 아플 때 웃기면 웃어. 난 아무렇지도 않으니까."

그리고 방 안으로 들어가 한참 동안 나오지 않았다.

저녁 준비를 하는데 슬며시 나오더니 휴대전화로 문자 메시지를 보내기 시작했다.

"아빠에게 사과해야겠어."

밤늦게 돌아온 남편은 아직 화가 덜 풀렸는지 경은이에게 냉담했다. 다음 날 보니 남편의 손가락에 피멍이 맺혀 있었다.

"경은아, 아빠 손가락 좀 봐. 얼마나 아프셨겠니. 어쩌면 너의 웃음소리가 아빠 마음에도 이렇게 짙은 멍을 만들어놨을지도 몰라."

그러자 남편이 조용히 말했다.

"놔둬요. 이러면서 느낀 게 많겠지. 남이 비난하면 오히려 화가 나니까 스스로 반성하는 게 좋아. 어제 나한테 미안하다고 했어."

경은이는 어릴 때부터 자기 생각대로 행동하는 고집 센 아이였던 반면 상대가 자기 입장을 이해한다고 생각하면 그 사람의 이야기를 잘 들었다. 비난이나 참견에는 예민하게 굴지만 자기와 생각이 다르더라도 상대의 진심이 느껴지면 끝까지 들은 후 자기 입장을 나름대로 조리 있게 말했다. 화가 가득 차 있을 때에는 칭찬조차 곧이곧대로 받아들이지 않아서 그저 거친 아이로만 보이기도 했는데 상담을 받고 마음에 여유가 생기면서부터 다른 사람의 말에 귀 기울이는 바람직한 자세가 생겼다. 상대방의 충고와 설득을 이유 없이 거부하지 않고 조용히 듣는 모습은 이제 내가 아이와 소통하는 데 무리가 없다는 사실을 확인하는 기회이기도 하다.

요즘 아이들을 대하는 남편의 변화된 태도는 순간순간 나를 놀라게 하고 그만큼 흐뭇하다.

평소에 집에서 점심을 먹고 출근하는 남편은 시험 기간 동안 일찍 돌아오는 아이들을 보며 그날그날의 분위기를 생생하게 전해 듣는다.

헐레벌떡 뛰어 들어오며 과학 시험을 망쳤다고 하소연하는 둘째 경준이에게 남편은 부드럽게 응해준다.

"아빠 닮아서 과학을 잘 못하는구나."

'저이가 과학을 못했어? 처음 듣는 소린데….'

이런 의문이 들면서 자신의 약점을 스스럼없이 드러내는 남편을 다시 한 번 쳐다봤다. 세상사 어떤 일이든 노력하면 해낼 수 있다고 가르쳤던 사람이 학생 시절에 과학을 못했다고 아이에게 자수를 하다니! 아빠에게도 그런 흠이 있다는 걸 알게 된 경준이는 고개를 갸우뚱했다.

하지만 아직은 이런 여유만 있는 것이 아니다. 남편은 시험공부를 열심히 해도 번번이 안 좋은 성적을 받는 둘째가 항상 안타까워 어쩔 줄을 모른다. 좀 더 정신을 바짝 차리면 좋겠다는 바람이 가끔 여과 없이 아이에게 쏟아졌다. 또 시험이 끝나고 친구 집에서 놀다가 조금 늦게 돌아오겠다는 경준이를 보면서 남편은 퉁명스럽게 말했다.

"실컷 놀다 와. 안 들어와도 돼. 니 맘대로 놀아."

그 어조가 아이를 불편하게 한 것은 말할 필요도 없다.

놀든 말든 상관하지 않겠다는 아빠의 반협박임을 본능적으로 느낀 경준이는 한껏 화가 난 목소리로 물었다.

"아빠 도대체 왜 그래?"

이런 장면이 이제껏 얼마나 많이 펼쳐졌던가. 경은이와 남편이 수없이 갈등을 만들어낼 때마다 조마조마 오그라들었던 내 심장.

그러나 이제 우리는 같은 상황에서 서로를 힘들게 하지 않고 웃으면서 해결한다.

"경준아, 아빠가 일부러 너 자존심 상하게 하려고 하는 말이야. 공부 안 하려면 이 집에 들어오지 말라고 협박해서 너 긴장하라고. 그러면 공부 열심히 할 거라는 계산일걸?"

남편은 내 옆에서 슬며시 미소를 짓고 경준이는 어이없다는 얼굴로 히히 웃고는 크게 외친다.

"다녀오겠습니다!"

아빠를 안타깝고 속상하게 만드는 아들, 그 마음을 숨기지 못하는 아빠, 그런 아빠의 모습에 기죽고 어쩔 줄을 모르는 아들, 이런 부자를 바라보며 전전긍긍하는 엄마…. 생각만으로도 등줄기가 곧게 서는 광경이다.

　그러나 이제 이런 상황에 처하더라도 우리는 서로에게 상처 주기보다는 현재의 모습을 그대로 인정하게 되었다.

　속상하고 마음에 걸리는 일은 끊임없이 생겨난다. 어쩔 수 없이 매번 서로 화내고 속상해하고 얼굴 붉히다가 마음속에 찌꺼기를 남긴다. 적당히 무마된 듯 보이지만 시간이 흐른 후에는 풀리지 않은 감정의 무게에 짓눌려 삶 자체가 힘들어지고, 결국 또다시 갈등하는 악순환에서 벗어나지 못하는 경우가 허다하다.

　하지만 이런 불행은 더 이상 우리 가족과는 아무 상관 없는 일이 되었다.

4. 엄마는 남자를 너무 모른다

부모님은 애초부터 나를 이해할 수가 없는 정신세계의 소유자들이니 부모와 소통하지 못하는 내가 얼마나 불쌍한가.

엄마는 기본적으로 남자를 너무 모른다. 딸 다섯 중의 맏이인 울 엄마. 여자 동생만 있는 데다 한술 더 떠 여학교만 다녔다. 여중, 여고, 여대…. 생각만 해도 기가 막힌다.

엄마랑 얘기를 하다 보면 융통성이 뭔지도 모르는 여자의 눈으로 나를 평가하는 게 뻔히 보이니 답답해 죽겠다.

엄마는 엄마대로 답답해 돌아가시겠단다. 뒤집어진 듯 보이는 방이지만 그 안에 있는 나만의 질서를 엄마는 느끼지 못한다. 방에서 나는 냄새, 내 몸에서 나는 체취를 모두 악취라고 몰아붙인다. 건강한 남자의 몸에서 뿜어져 나오는 멋진 향기의 가치를 모른다. 나만 보면 정리해라 씻어라 요구 사항이 줄줄이 비엔나소시지다.

이제 나는 엄마보다 힘이 세다. 엄마가 가끔 속상하다며 내 등을 몇 대 때려도 하나도 안 무섭다. 그래서 아빠가 잔소리할 때는 속으로 중얼중얼거리며 혼자 욕하지만 엄마가 내 맘에 들지 않을 때는 꽥꽥 소리를 지르고 욕도 내뱉는다.

엄마는 내가 욕하고 반항하면 한숨을 쉬거나 그 말이 얼마나 나쁜지 설명해주다가 내가 들은 척도 안 하면 화를 내기도 한다. 그러거나 말거나 나는 신경 안 쓴다.

하지만 솔직히 말하면 내가 짜증 내고 욕하고 동생과 싸우기만 하면 엄마가 너무 속상해해서 어느 날 흔적도 없이 사라져버리지 않을까 걱정도 된다. 아무리 힘들고 속상해도 엄마가 항상 내 곁에 있을 거라고 말해줄 때는 마음이 편안해진다. 엄마가 해주신 밥이 맛있다(10회기).

상담실에서 내 마음을 편하게 이야기하듯이 가끔은 엄마에게도 이런 저런 일상적인 일들을 말한다. 학교에서 있었던 어처구니없는 일들, 밉기만 한 아빠, 시험에 대한 부담감 등. 엄마는 상담실 선생님만큼 편안한 얼굴로 들어주지는 않지만 내가 하는 말에 그다지 토를 달지 않는다. 하지만 아빠에게 화가 날 때는 덩달아 엄마에게도 신경질이 난다. 엄마 때문에 이런 아빠를 만나게 되었다는 생각에 엄마에게 화풀이를 하게 된다(15회기).

그런데 엄마에게 진짜로 화가 나는 건 바로 동생만 사랑한다는 명백한 사실 때문이다. 주위 사람들이 경준이를 막내라고 귀여워하니까 그 자식이 너무 까불기만 한다. 보다 못해 내가 버릇을 고쳐주려고 했는데 엄마는 동생 편을 들면서 괴롭히지 말라셨다. 엄마는 동생 말만 잘 들어주고 나는 미워한다. 우리 엄마는 '편애의 도가니탕'이다(18회기). 진드기처럼 들러붙어서 내가 하는 일마다 야단치는 아빠 때문에 속에서 열불이 나는데 엄마까지도 이렇게 의젓한 큰아들을 몰라주니 짜증만 나고 입만 열면 욕밖에 안 나온다. 그래서 또 야단맞는다.

기말고사가 끝나자마자 봉사 단체에서 가는 몽고 여행에 참가했다. 가기 전에는 내 의사를 자세히 물어보지도 않고 덜컥 참가 신청을 한 엄마에게 화가 나서 안 가겠다며 막 성질을 냈다. 평양 감사도 자기가 싫으면 그만이라고 엄마가 취소를 하고 나니 갑자기 마음이 변했다. 다음 날 다시 가겠다고 변덕을 부렸는데 엄마는 눈 한번 흘기고는 재신청을 해주셨다. 이렇게 변덕을 부려도, 머리 염색하겠다고 고집을 피워 아빠가 혼을 내도 엄마는 내 편이다. 그리고 쭈욱 계속 내 편이어야 한다 (21회기).

몽고 여행은 안 갔으면 정말 후회할 뻔했다. 탁아소나 고아원에서의 봉사도 의미 있었지만 끝도 보이지 않는 몽고의 초원에서 가슴 뻥 뚫리는 시원함을 느꼈다. 내 영혼을 칭칭 감았던 모든 구속이 사라지는 후련함이었다. 단장 선생님은 우리를 초원 한가운데

몽고여행 중 초원에서

내려놓고 맘대로 뛰어 노는 시간을 주셨다. 나는 풀밭 위에 가만히 앉아 있었다. 깨끗한 햇빛과 반짝이는 풀 이외에 아무것도 없는 드넓기만 한 벌판. 내가 찾던 자유로운 공기가 내 가슴속에 그대로 밀려들어 왔다. 나는 돌아와서 곧 기행문을 썼다.

　할아버지가 갑자기 돌아가셨다는 소식은 학교에서 수업을 받다가 들었
다. 듣는 순간 아무 생각이 나지 않았다. 그냥 멍했다.

　검은 양복을 입고 아빠 옆에 서서 상주 노릇을 했다. 너무 놀라고 피곤
했는지 눈병이 심하게 났다. 엄마는 힘든 아빠를 위로하고, 시간만 나면
쉬고 싶어하는 우리에게 잘하고 있다며 대견하다고 다독거려주셨다. 할머
니는 한동안 우리 집에서 지내셨는데, 내가 엄마를 대하는 모습을 보시고
는 가장 힘든 사람은 엄마라는 사실을 잘 알면서 왜 엄마에게 화를 내고
욕까지 하냐고 나를 혼내셨다. 엄마에게 함부로 대하지 말라는 것이었다.
생각은 안 그런데 말은 이상하게 버릇없이 나오니 이유를
모르겠다(28회기).

　엄마에게 내가 해결해야 할 문제와 계획에 대해 가끔 이야기한다. 엄마

:: 중2 여름방학 때 가족여행 중

는 듣기만 하다가도 내 생각이 이상하다고 생각되면 바꾸면 좋겠다고 말한다. 그런데 내가 강하게 반박하거나 싫다고 우기면 어쩔 수 없이 말다툼이 생긴다.

누가 옳고 틀리냐는 중요하지 않다. 내가 세운 계획을 그 자체로 인정받고 싶을 뿐인데 엄마는 제대로 세운 계획이 좋은 결과를 가져오니 엄마의 뜻을 무조건 무시하지 말라고 한다. 엄마는 내가 엄마 말을 너무 안 들어준다고 속상해하고 나는 내 마음을 제대로 몰라주는 엄마가 야속해서 목소리가 점점 커진다. 엄마라는 사람이 아들 마음을 몰라주면 도대체 누가 알아주냐고 소리친다. 엄마는 더 이상 말하고 싶지 않고 말해도 소용없으니 그만하자며 입을 다문다.

엄마와 며칠 냉전 상태로 지내면 그 상황을 버텨내는 엄마가 조금은 안쓰러워진다. 그러면 내가 다가가 "엄마, 사랑해"라고 말하는데, 그때 힘없이 웃어주는 엄마의 미소가 날 슬프게 한다(34회기).

고등학교에 들어가서 동아리 활동을 하려고 여기저기 기웃거렸다. 평소 관심이 있던 힙합 동아리에서 1박 2일 일정으로 엠티를 간다고 했다. 나는 물론 엠티에 가고 싶어 다녀오겠다고 엄마에게 말했다.

엄마는 당일 일정이면 보내주지만 자고 오는 건 안 된다고 못 박았다. 아직도 나를 어린애 취급하냐며 소리를 지르자 엄마는 오히려 내가 어린애가 아니기 때문에 안 된다고 했다. 결국 엄마도 나를 믿을 수 없는 철부지 고등학생으로 여길 뿐이라고 생각하니 너무 화가 났다. 아니면 주말에 학원에 못 가게 되어 돈이 아깝다는 생각에 반대했는지도 모른다. 며칠 동안 실랑이를 벌이다가 엄마가 허락하셨다.

그런데 막상 가라고 하니 가기가 싫었다. 변덕이 죽 끓듯 하는 내 마음이 나도 이상했다. 게다가 혹시 내 고집 때문에 엄마가 화나지는 않았을까 걱정이 되기도 했다. 엄마 옆에 앉아 텔레비전을 보다가 조용히 미안하다고 말했다(48회기).

엄마는 나의 모든 것을 인정해주는 듯하면서도 이렇게 쉽게 양보하지 않는 몇 가지가 있다. 그중 하나가 구시대의 유물 '통금 시간!'이다.

학원 자습실에서 공부하고 올 때는 한두 시에 돌아와도 아무 문제가 없다. 그런데 친구들과 놀러 나가면 반드시 12시까지는 들어오라고 한다. 물론 평소에 공부가 끝날 시간이면 엄마가 데리러 오기 때문이기도 하다. 하지만 주말에 10시까지 열심히 공부한 아들이 친구들과 재미있는 시간을 보내고 싶어하는데 엄마 마음대로 정해놓은 귀가 시간 때문에 마음 편히 놀지를 못한다. 왜 12시까지 들어와야 하는지 그 이유를 물어도 대답은 매번 똑같다.

"네가 아직 미성년자라서 부모의 보호가 필요해. 밤이 되면 숨어 있던 검은 기운이 거리로 뻗쳐나온다. 네가 나쁜 사람이 될까 걱정하는 게 아니라 다른 나쁜 사람들 때문에 피해를 입을 수 있어 미리 조심하는 것이니 군말 말고 따라. 엄마 마음 같아서는 더 이른 시간으로 정하고 싶지만 네 입장을 많이 고려해서 양보한 결과란다."

엄마 말 무시하고 내 마음대로 놀다 들어가도 그만일 텐데, 설마 엄마가 나를 쫓아내겠어 하고 버텨도 그만일 텐데, 이상하게 엄마 말은 쉽게 어길 수가 없다. 엄마가 나를 그대로 인정하며 이해하려고 노력하는 것을 뻔히 알면서 이 정도의 보호까지 거부하고 내 마음대로 하겠다고 어거지를 쓸 수는 없는 노릇이다.

친구를 만나러 갈 때면 호언장담을 한다.

"오늘은 엄마 말 안 들을 거야. 기다리지 마. 내 마음대로 놀다가 올 거니까 신경 꺼."

이렇게 큰소리치고 나가지만 12시가 되면 엄마가 기다리는 우리 집 현관문을 열고 들어온다.

'엄마'라는 호칭에는 참으로 많은 느낌이 있다. 무한한 사랑, 따뜻함, 자식을 위한 희생 등. 그런데 실제 엄마들의 모습은 가지각색이고 공통점도 별로 없다. 우리 엄마와 친구의 엄마는 모두 다르게 생각하고 다르게 행동한다. 세상의 엄마들은 다 거기서 거긴 줄 알았는데 학원에 다니면서 그렇지만도 않다는 것을 알게 되었다.

어느 날 공부 좀 한다는 학원 후배가 얼굴에 상처가 난 채로 왔다. 눈 바로 아래에 뭔가에 찍힌 듯이 꽤 깊은 상처가 나 있었는데 무척 아파 보였다.

"너 얼굴이 왜 그 지랄이야? 골목 양아치들한테 맞았냐?"

어디에나 주머니에 손 넣고 껄렁거리며 다니는 재수 없는 자식들이 있지 않은가.

"아뇨, 엄마한테 맞았어요."

후배는 아무렇지도 않게 퉁명스러운 말투로 대답했다.

어떻게 때렸기에 저렇게 되었을까, 무슨 이유로 덩치가 산만 한 고등학생 아들을 때렸을까, 후배 엄마는 아들보다 몸이 더 큰가 등등 이것저것 마구마구 궁금해졌다.

사연은 이랬다. 후배가 요 며칠 학원에 오기 전에 피시방에서 조금 놀다 가 왔는데 그 사실을 후배의 친구가 자기 엄마에게 말했고, 그 소식을 들은 친구 엄마가 후배 엄마에게 전화로 고자질을 했다고 한다. 긴장해서 아들 관리 잘하라면서. 학원 끝나고 집에 가서 현관문을 여는 순간 뭔가 날아와서 면상을 치더란다. 너무 놀랐지만 아픈 곳을 감싸 쥐며 정신을 수습해보니 엄마가 자신을 향해 던진《수학의 정석》모서리가 얼굴에 찍힌 후 발 아래 떨어져 있고 손바닥에 피가 흥건히 묻어 나왔다고 한다.

그 상황을 들으면서 놀라움과 끓어오르는 화를 감출 수가 없었다. 내가 맞은 것처럼 얼굴이 확 달아올랐다.

"야! 공부하다가 힘들면 좀 놀 수도 있지, 그걸로 아들한테 무기를 던지냐? 넌 이렇게 되고도 가만있었냐, 이 좆나 밥팅 같은 새꺄?"

"그럼 어떡해요. 엄만데…."

엄마라는 이름이면 이 모든 게 다 용납되는 건가?
일단 아들 말을 들어보고 나서 화를 내거나 때려줘도 될 텐데 다짜고짜 손에 잡히는 대로 물건을 던져서 상처를 입히다니, 그러고도 결국은 아들을 사랑해서라고 말할 수 있는 걸까? 엄마에게 아무 말도 못하고, 자기 마음 속에서 화가 나는지 안 나는지도 모르는 그 후배가 한없이 불쌍했다.

어떤 엄마는 저녁때면 대치동 골목골목과 피시방을 순회하는 게 중요한 일과라고 한다. 혹시라도 아들이 학원에 안 가고 놀고 있을까 걱정이 되어서 집에 가만히 있을 수가 없다나? 그렇게 자식을 못 믿겠으면 옆에 붙여

놓지 왜 밖으로 내보내고 사서 생고생을 하는지 모르겠다. 엄마조차 자기를 믿어주지 않는 그 아이는 과연 공부라는 걸 하고 싶기는 할까?

우리 엄마와 나는 같은 결과를 원하지만 방법은 완전히 다르다. 꼼꼼한 계획 세우기와 정보 구하기에 많은 시간과 두뇌 활동을 하는 엄마, 큰 줄기만 세워놓고 그때그때 내가 좋다고 생각하는 쪽으로 바꿔가는 나. 그래서 가끔 갈등이 있지만 엄마에게 내 생각을 있는 그대로 말할 수 있는 이유를 생각해봤다.

엄마는 나를 믿어준다.

엄마도 속상하고 답답해서 불안할 때가 있다고는 하지만 내가 선택한 방법과 목표를 그대로 인정해주신다. 그래서 마음이 아주 편하다.

어쩌다가 새벽에 피시방에 가서 게임을 하고 오면 걱정은 해도 내가 구제 불능이라고 생각하지는 않는다. 다 그럴 만한 이유가 있을 거라 생각하고 문제 삼지 않는다.

나는 느낌으로 안다.

경은이의 절규처럼 나는 남자에 대해 너무 모른다. 여자 형제만 있었고 여학교에만 다닌 성장 과정은 내가 이성을 바라보는 가치관이나 시각에 얼마나 많은 한계가 있는지, 아니 거의 무지에 가깝다는 사실을 그대로 말해준다.

게다가 나의 아버지조차 우리 자매들에게 일반적인 남자의 현실을 알게 하기보다는 이상적인 남성상을 갖게 만든 분이셨다. 때로는 주위에서 남자 형제 때문에 받은 차별로 얼마나 남자를 미워하게 되었는지 하소연하는 사람들이 부럽다는 사치스런 생각까지 했었다. 상대를 어느 정도 알아야 미워할 수도 있을 테니 말이다.

남자와 여자의 심리가 얼마나 다른지는 상상조차 하지 못했다. 그냥 약간의 개인차가 있을 뿐 세상 사람들은 비슷한 방식으로 생각하고 행동하며 산다고 믿어왔다. 남편 또한 여러 면에서 나와 아주 비슷한 기질이기 때문에 결국 아이들이 이만큼 자랄 때까지 남자와 여자의 차이점에 대해 제대로 생각하지 못했고, 그것에 아무런 불편도 느끼지 못했다. 가끔 남편의 이해할 수 없는 모습이 발견되면 '저 사람은 지금까지 저런 방식으로 살았구나' 하고 혼자 짐작했을 뿐이다.

나 또한 남편 못지않게 성실하게 한눈팔지 않은 학창 시절을 보냈다. 중학교 때부터는 시간 관리를 내가 알아서 했으며 내 문제는 다른 사람에게 의지하지 않고 스스로 해결하면서 자라왔다. 밖에서 속상한 일이 있어도 가족에게 하소연하지 않았다. 주변 사람에게 인정받기 위해 내가 할 수 있는 최선을 다했다.

이런 내가 아들만 둘을 낳았다.

뭔가 산만하고 질서감이 없이 자라나는 아이들의 성장 과정은 엄마로서의 자질을 계속 되돌아보게 하고 실망하게 했다. 뭐가 부족해서 저런 이상한 행동을 할까, 왜 좋은 말 놔두고 욕을 하는 걸까, 신 나게 놀지도 않으면서 공부는 왜 안 하는 걸까….

아이들은 내가 보기에 정말 이상하고 이해할 수 없는 존재 그 자체였다. 부모가 정상적인 조건을 만들어주면 당연히 그에 걸맞는 결과가 나와야 하는데 경은이는 예상과 완전히 다른 모습이었다. 그런 아이를 보면서 나는 더 불안해지고 잘못된 아이를 바꾸기 위해 전전긍긍했다. 성장 방향이 잘못되었다 판단하고 그것을 바로잡기 위해 안간힘을 쓰는 부모, 그리고 온몸으로 그것을 거부하는 아이와의 갈등이 바로 우리 가정의 모습이었다. 엄마 아빠가 말한 대로만 하면 만사가 해결되는데 왜 이렇게 힘들게 하는지 모르겠다며 하루하루 힘겹게 보낼 수밖에 없었다.

무엇보다도 사내아이의 성장 과정에 대한 지식이 전혀 없던 엄마가 자신의 입장에서만 아이를 해석한다는 게 문제의 핵심이자 시작이었다. 여성과 남성의 생물학적인 차이는 알고 있었지만 이 두 집단의 성장 과정과 심리, 문제 해결 방식에 성별의 차이가 있는 줄은 꿈에도 몰랐고, 우리 아이들은 이런 암담한 상황에 내몰려 있었다. 이해하기, 인정하기, 공감해주기보다는 알려주기, 가르쳐주기, 바로잡아주기, 되짚어주기가 엄마로서 수행한 역할이었다.

상담을 50회 정도 받았을 때 아이를 키우는 마음가짐에서 아빠와 엄마 사이에 의견 차이가 있다는 것을 설명해주었다.

"아빠는 처음에는 무조건 아빠 생각이 옳다고 주장했지만 이제는 네가 해야 할 일을 알아서 하면 그 외의 생활은 너의 뜻에 맡기겠다고 하셨다. 하지만 같이 있다 보면 참견할 수밖에 없는 상황이 생겨 가급적 서로 부딪치는 시간을 줄이려고 한다. 그리고 '알아서 한다'라는 아빠의 기준이 만만치 않다는 것을 이미 너도 알고 있을 것이다.

엄마는 아직까지 집중력 문제에서는 불만스럽지만 너만의 타고난 기질을 인정해주겠다. 그렇다고 무조건 놔두는 것이 아니라 걱정되고 염려될 때는 솔직히 말하고 크게 문제가 되지 않는다면 네가 원하는 대로 하겠다. 네가 원하는 무관심이 능사는 아니다. 시행착오는 필수지만 누가 봐도 잘못된 일을 방치한다면 그건 부모의 직무 유기라고 생각한다. 가능한 한 너를 침범하지 않기 위해 거리를 두겠다. 어쩌다가 엄마 아빠의 목소리가 커지는 일이 생길 수 있지만 너 때문에, 네가 미워서가 아니라 너를 이해하고 생각하는 자세가 조금 다르기 때문이니 오해하지 않기를 바란다.

아직까지는 엄마 아빠 사이에 이런 입장 차이가 있기 때문에 혹시 네가 혼란스러울까 걱정된다. 앞으로 너의 심지가 더 굳건해지면 엄마 아빠도 좀 더 현명해지리라 확신한다."

우리 부부 사이에 간혹 의견 대립이 있지만 결국은 경은이의 생각과 선택을 인정하겠다는 기본자세는 같다는 것은 분명히 설명했다.

마음에 들지 않거나 화나는 일이 생기면 경은이가 먼저 대화를 청해 의견을 나누는 시간이 많아졌다.

"엄마, 나 할 말 있으니 여기 앉아봐."

나는 경은이의 생각을 자세히 들을 수 있었고 경은이는 내 입장에서 그 문제를 다시 생각할 기회가 자연스럽게 늘어났다.

그런데 어느 날은 완전히 주도권을 나에게 넘겨버리는 일이 있었다.

"엄마가 낳았으니 나는 엄마 소유물이고, 그러니까 모든 것을 엄마가 결정해줘."

아마 본인의 의지대로 하기가 귀찮았거나 선택의 기로에서 겪는 갈등을 무시하고 싶었는지도 모른다. 부탁하는 일 중에서 스스로 해야 할 일을 이렇게 떠넘기기도 했다.

"엄마가 날 사랑하니까 당연히 엄마가 해야지."

이럴 때 과연 어떤 대응이 현명할까? 이해와 인정이라는 범주에서 아이가 요구하는 것을 다 받아주는 것이 옳은 걸까? 이런 상황이 되면 갈등은 내 몫이 되고 머릿속은 정답을 찾기 위해 마구 분주해졌다.

내가 상담을 받고 마음공부를 하는 것은 더 큰 힘을 얻어 아이를 좌지우지하기 위해서가 아니었다. 아이 스스로 생각하고 결정할 수 있도록 기다리는 마음의 여유를 키우기 위해서였다. 경은이가 주도권을 넘겼으니 내 방식대로 하면 당장은 편하겠지만 한 인간으로서 내 아이가 갖는 선택의 권리는 박탈당하는 것이다.

나는 아이보다 더 당당하게 말했다.

"엄마는 너의 결정을 모두 인정해. 걱정하지 말고 천천히 생각해서 네가 원하는 것을 선택하는 게 좋겠어. 엄마는 너와 너의 선택 모두 사랑해."

이제 경은이는 이전보다 더 깊이 생각하고 고민해야 한다는 사실을 알게 될 것이다. 즉흥적인 선택이 때로는 원치 않는 결과를 가져온다는 것도 알게 될 것이다.

공부를 해야겠다고 결심한 경은이는 정말 열심히 노력했다. 학원 자습실에 앉아 혼자 끙끙대며 수학 문제를 풀고 있다는 대견한 소식을 들었다. 그래도 일요일에 가야 하는 학원에는 피곤해서 빠지겠다고 가끔 투덜댔는데, 이럴 때도 아이 스스로 결정하게 했다.

"그 학원, 그 시간을 선택한 것은 너야. 휴일에 공부하기 힘들다고 격

정도 했었고. 엄마 아빠는 네가 선택해서 해나가는 과정을 도울 뿐이야. 그러니 가고 안 가고는 너한테 달렸어. 네 책임의 영역이야.”

결국 경은이는 잠시 후 학원에 갔고, 저녁에 집에 돌아와 조용히 한마디 했다.

“자꾸 이랬다 저랬다 변덕 부려서 미안해요.”

그러더니 내 옆에 앉아 조용히 텔레비전을 봤다. 점점 스스로 결정하고 노력하는 부분이 늘어났다.

그 와중에 가끔 경은이를 통해 전해 듣는 엄마들의 모습은 같은 엄마로서도 충격이었다. 자식 공부에 적극적이다 못해 정신 줄을 놓아버린 건 아닐까 하는 걱정도 들었다. 못하면 좀 나아져야 하고, 잘하면 더 잘해야 하니 어떻게 해서라도 자식을 구슬리고 야단치고 협박하면서 끌고 가는 엄마들의 심정은 누구보다 잘 안다. 하지만 부모의 목표가 곧 내 아이의 목표라는 잘못된 확신이 문제의 출발이다. 이렇게 강한 엄마들 앞에서 아이들의 목소리는 점점 작아지고 무력해지며 눈빛의 총기를 잃어간다. 그런 모습을 볼 때면 우리 아이들이 불쌍해서 눈물이 나올 때도 있다.

“엄마는 훌륭한 엄마니까 이다음에 내가 위인전 써줄게.”

경은이가 이렇게 듣기 좋은 소리를 하면 나도 모르게 입이 헤벌쭉 벌어지다가 ‘경은이가 훌륭한 사람이 되어야 나도 훌륭한 엄마가 되는 거 아닌가?' 하는 데까지 생각이 미친다. 경은이는 지금의 내 모습을 훌륭하다고 칭찬해주는데 나는 아이가 더 갖춰야 할 점을 슬며시 찾아내고 있으니, 그 두꺼운 《수학의 정석》을 자식 얼굴에 던진 엄마와 다를 게 뭐가 있겠는가.

　시아버님 제사를 지내고 나서 헛제삿밥을 먹은 뒤 뒷정리를 하는데 경은이가 왔다.

　자못 걱정스런 얼굴이었다.

　"엄마, 이담에 나는 제사를 지내야 하나 말아야 하나?"

　장남의 의무감을 벌써부터 느끼나 싶어 조금 놀랐다. 이 땅의 남자들이 태생적으로 업고 살아야 하는 콤플렉스인지도 모르겠다.

　"솔직히 말하면 엄마는 너희들이 제사 지내줬으면 좋겠어. 다만 격식 차리느라 이것저것 만드는 고생 하지 말고 그날을 기념해달라는 의미에서 부탁하는 거야. 엄마 아빠 제삿날 너희 형제가 모여서 옛날 얘기도 하고 엄마 아빠 살아생전에 맘에 안 들었던 얘기도 하면서 의미 있는 시간을 보내면 좋잖아. 부모 흉보면서 형제간의 우애가 돈독해지기도 하잖아. 앞으로 세상이 어떻게 변할지 잘 모르지만 지금보다 형제애가 더 깊어지지는 않을 거야. 평소에 바빠서 잘 못 만나는 형제가 엄마 아빠 제삿날 만나기만 해도 최소한 1년에 두 번은 만나는 거잖아. 철딱서니 없이 서로 치고받으며 싸우다가 금방 화해하는 지금을 어른이 되어 기억하는 시간, 행복하지 않겠니?"

"근데 엄마, 내 색시가 제사 음식 만들기 싫다면 어떻게 해?"

물론 걱정이 될 것이다.

"그러면 나가서 먹으면 되지. 그때그때 먹고 싶은 종류를 정해서 좋은 식당 가면 되잖아. 식사하면서 잠깐이라도 엄마 아빠 얘기해. 그렇게 제사를 기념하라는 거야."

이 대목에서 자유로운 영혼은 괴상한 질문을 던졌다.

"근데 제사 음식 안 차려도 된다고 해도 '당신 미쳤어요? 정성 들여 제사상을 차려야죠.' 하는 여자가 내 색시면 어떻게 해?"

생각해보니 괴상한 질문이라기보다 경은이의 바람이라는 느낌이 들었다.

"그러면 차리고! 뭐가 걱정이야. 니 처 맘대로 차리라고 해. 내가 거듭 말하지만 제사상 차리네 안 차리네 정성이 있네 없네 하면서 니들 부부가 싸우거나 경준이가 게거품 물고 대든다거나 해서 형제간 의 상하는 일은 절대 없어야 해. 너희들 만나서 우애 확인하라고 제사 지냈으면 하는 건데 제사 때문에 두 집이 싸움박질하는 꼴, 엄마는 죽어서도 못 본다. 알았지?"

"응."

경은이의 대답은 아주 간단했다. 고민거리를 해결해서 개운하다는 목소리였다. 조상님의 제사를 지내면서 자신의 미래를 이리저리 상상하는 경은이의 모습에 내 마음이 편안해졌다.

　고등학교 2학년 여름방학 중에 경은이가 이상한 돌출 행동을 했다.

　평일에는 늦은 시간까지 공부에 집중하는데 주말에는 피시방에 가서 한참을 놀다 왔다. 초등학교 6학년 여름방학에는 피시방에 출근하다시피 했고, 중학교 3년 내내 시험 마지막 날이나 학교 행사로 수업이 일찍 끝나는 날 등 건수만 생기면 피시방에서 컵라면을 먹어가며 프로 게이머의 꿈을 키웠다. 실컷 하면 질리겠지 하는 마음에 잔소리는 가급적 하지 않았는데 중학교 3학년 가을 정도 되니 이제 게임에는 흥미가 없어졌다며 시험이 끝나는 날에도 곧바로 집에 와서 잠만 늘어지게 잤다. 그즈음 게임에 빠진 동생을 보며 "이제 나는 피시방에 가고 싶은 마음이 없다"라고 가끔씩 말했는데, 갑자기 주말 새벽 시간에 집 밖에서 몇 시간씩 게임에 몰두했으니 이상할 수밖에.

　토요일 새벽 두세 시쯤 집을 나가서 아침 7시 전에 들어오고, 또 일요일 새벽 비슷한 시간에 같은 행동을 반복했다. 다시 게임에 빠져드는 건가 하는 걱정을 했지만 경은이는 대수롭지 않게 피시방에서 있었던 일을 자세히 얘기했다.

　힘들게 번 돈을 게임에 다 써버리는 직장인 이야기, 돈이 없어 스타크래프트만 하는 자기가 불쌍했는지 돈을 빌려주겠다고 선심 쓰는 옆자리 누나 이야기 등등.

그 시간에는 내가 세상모르고 잠을 잤기 때문에 경은이 얘기가 심각하게 와 닿지 않았다. 물론 올빼미인 경은이 아빠는 경은이가 나가는 걸 뻔히 알았지만 이상하게도 제지하거나 야단치지 않았다. 아침에 나에게 고자질을 할 뿐이었다.

"경은이 또 나갔다 왔어."

그런데 어느 일요일 아침, 이른 시간에 눈이 떠졌다. 둘째 경준이가 이불을 걷어차지 않았는지 살펴보고 나서 경은이 방에 들어가니 침대가 텅 비어 있었다. 순간 피시방에 갔구나 하고 짐작했지만 비어 있는 침대를 보니 갑자기 너무 서글퍼졌다. 속상하거나 걱정되는 느낌이 아니었다. 말로는 열심히 공부하겠다고 해놓고 아직도 정신을 못 차린 건가 하는 의심도 아니었다. 그저, 주인 없는 잠자리가 여름의 서늘한 이른 아침 공기처럼 내 가슴을 쓸쓸하게 만들었다. 시계를 보니 6시가 가까운 시간이었다. 전화를 할까 하다가 문자 메시지를 보냈다.

이 시간에 비어 있는 아들 침대를 보는 엄마 마음이 어떨까?

즉각 답장이 왔다.

뿌듯하지.

상대방의 속을 뒤집는 대답이 경은이다웠다.

너랑 내 마음이 천리만리는 떨어져 있는 것 같아.

원래 그래. 서로 이해 못하는 부분이 있어야 상대의 마음을 알기 위해 더 가까워지지.

아들의 인간관계론에 답을 할까 말까 망설이며 멍하니 있는데 금방 또 문자 메시지가 왔다.

지금 가고 있어.

누가 오라고 했나?

5분도 안 되어 경은이가 들어왔다. 집에서 가까운 피시방에 드나들었던 모양이다.

가타부타 아무 말 없이 아이를 맞아주고, 조금 더 자볼까 해서 방으로 들어가는데 경은이가 피시방에서 있었던 일을 얘기하려고 했다.

"엄마는 좀 더 자고 싶으니 너도 자. 지금 꼭 얘기해야 하는 일이야?"

"아니, 들어가서 주무셔."

자리에 누우니 아까 비어 있던 침대 모습이 눈앞에 어른거렸다. 그 텅 빈 침대, 휑한 공기가 가득한 아들의 방. 아들과 나 사이는 이렇게 점점 멀어지는 걸까.

주말의 피시방 방문은 한 달 만에 끝났고 또 다른 몇 주 동안은 주말 밤마다 공포 영화에 심취하기도 했다. 거실에서 들려오는 영화 속의 끔찍한 비명소리에 무서워하며 잠 못 이루던 시간들이었다. 지금 생각해 보면 피시방과 공포 영화가 경은이의 스트레스 해소법이었던 것 같다.

주변 사람을 배려하는 경은이의 변화를 자연스럽게 느끼는 경우가 많아졌다.

　고등학교 3학년 봄 중간고사가 끝나는 날, 아이는 점심을 일찌감치 먹고 좀 쉬겠다며 방에 들어가 낮잠을 잤다. 저녁때가 되어서야 정신을 차리고 나왔다. 저녁 식사 준비를 하는데 옆에 다가와 조용히 말했다.

　"점심 먹고 곧바로 잤더니 배가 안 고파요. 그치만 나중에 밥 따로 달라고 하면 엄마가 힘들 테니 그냥 같이 먹을게요."

　나는 즉각 고맙다고 했다.

　밥 먹자 하고 부르니 "와, 진수성찬이다" 하면서 맛있게 먹었다. 사실 그날은 진수성찬이라고 할 만한 특별한 반찬이 없었다. 밥맛이 없는데도 반찬 투정 하지 않고 엄마가 차려준 밥을 즐겁게 먹는 게 그리 쉬운 일이 아니라는 걸 잘 안다. 마음이 더없이 훈훈했다.

5. 나 같은 형 있으면 나와보라고 해

동생 경준이는 내가 다섯 살 되던 해 늦가을에 태어났다. 나는 그 당시를 생생하게 기억한다. 엄마는 나를 할머니 할아버지께 맡기고 병원에 가셨는데 며칠이 지나도 오지 않았다.

어느 날 할머니와 함께 병원에 가보니 병실에 엄마가 누워 있었다. 엄마의 얼굴은 아주 하얀색이었고 나를 보고 웃어주셨지만 일어나지 못했다. 내가 침대 옆으로 가자 엄마가 내 손을 잡아주셨는데 엄마에게서 이상한 냄새가 났다. 조금 후에 간호사가 엄마를 살펴보러 와서 이불을 들추니 엄마 다리 주위에 피가 너무 많이 흘러 있었다. 나는 무척 놀랐고 엄마가 진짜로 아프다는 걸 알 수 있었다. 집으로 돌아올 때 다리가 너무 아파서 할아버지께 업어달라고 졸라댔다. 엄마는 한참이 지나고서 동생과 함께 집으로 왔다.

엄마와 헤어져 있던 시간이 몇 달은 된다고 기억했는데 나중에 들어보니 겨우 2주였다.

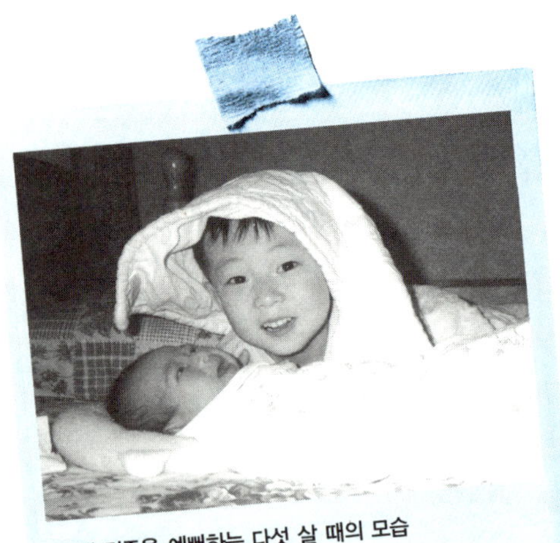

동생 경준을 예뻐하는 다섯 살 때의 모습

어릴 적 경준이는 아주 귀여웠다. 누런 내 피부와는 비교되게 뽀얀 피부를 가진 경준이.

경준이의 볼은 잘 익은 복숭아 같았다. 뺨 가까이 코를 대보면 진짜로 향긋하고 달콤한 복숭아 향기가 났다.

그런데 가끔 동생이 내 말을 안 듣거나 엄마에게 고자질을 할 때는 화가 난다. 얄미운 행동 때문에 욕도 하고 한 대 쥐어박기도 하는데 그럴 때마다 그 옛날에 엄마가 동생 때문에 아팠다는 생각이 나서 경준이가 더 미워진다.

그래서 시도 때도 없이 경준이를 놀렸다.

"이 밥팅아, 니가 이 세상에 태어날 때 엄마 배 속에서 길을 제대로 못 찾아서 헤매는 바람에 엄마 죽을 뻔한 거 알아? 어휴, 모자라는 놈! 아빠, 경준이 정말 바보 같지 않아?"

아빠는 웃으며 답하셨다.

"너는 병원비가 30만 원밖에 안 들었는데 경준이는 1,000만 원 들었다. 니 동생은 1,000만 원짜리야."

힘없이 누워 있던 엄마 모습이 떠오르면 경준이가 아무리 귀여운 짓을 해도 꼴 보기 싫어졌다. 나와 아빠의 공략에 경준이는 별다른 대꾸를 하지 않고 묵묵히 듣기만 했다.

내가 초등학교를 졸업할 때까지 우리 형제는 한 방에서 같이 자고 또 다른 방에서 함께 공부했다. 나란히 놓인 침대, 마주 보는 책상에서 장난도 치고 엄마 아빠 흉도 보면서 재미있는 시간을 보냈다. 함께 자길 원한 사람은 나였다. 사랑스러운 경준이 옆에서 자고 싶다는 이유 말고도 사실은 내가 밤이 무서웠기 때문이다. 천하태평 경준이는 너무나 쉽게 잠들었지만 나는 잠이 오지 않는 날이 많았다. 깜깜한 방에 혼자 있는 건 정말 싫었다. 방 구석구석에서 귀신이 튀어나올 것 같았다. 새근새근 자는 경준이의 숨소리가 두려움을 이겨내는 데 큰 힘이 되었다.

날씬하고 보송보송한 솜털이 있던 경준이가 초등학교 3학년이 되면서 살이 찌기 시작했다. 조금씩 통통해지는 것이 아니라 힘껏 불어대는 풍선처럼 하루가 다르게 뚱뚱해졌다. 4학년이 되면서 갈비뼈가 드러나 보이던 1년 전의 전경준은 온 데 간 데 없고 뚱땡이가 되어버렸다.

내가 상담을 시작하고 몇 달 후 경준이도 상담을 받기 시작했다. 경준이가 갑자기 체중이 불어난 이유를 듣고 나는 기가 막혔다. 경준이는 그동안 너무나 억울하고 속이 상했지만 그런 마음을 표현하지 못해서 그 괴로움을 먹는 걸로 풀었다는 것이다. 도대체 뭐가 그렇게 속이 상한 건지 알 수가 없는데 엄마의 태도가 좀 달라졌다. 태어날 때 이야기를 하면서 경준이를 놀리자 엄마가 단호하게 말씀하셨다.

"경준이 낳을 때 엄마가 고생한 것은 경준이 때문이 아니야. 아기 주머니에 병이 생겨서 그런 거야. 오히려 엄마 병 때문에 아기 경준이가 고생을 한 거지. 경준이는 빨리 밖으로 나오고 싶은데 주머니가 놔주질 않았으니 얼마나 힘들었겠니. 그러니까 앞으로 그 일로 경준이 놀리지 마. 다시 한 번 분명히 말하는데 경준이 잘못이 아니야."

나는 엄마가 놀림받는 경준이 편을 들어주는 건 줄 알았는데, 가만 생각해보니 엄마 말처럼 경준이 탓이 아닐 수도 있었다. 만약 그렇다면 경준이는 너무 억울하고 속상한 게 당연했다.

경준이가 살찐 또 다른 이유는 바로 나 때문이었다. 세상에, 어떻게 이런 일이! 내가 공부를 못해서 아빠에게 매일 혼나고 엄마가 속상해하는 모습을 옆에서 지켜보면서 경준이도 나 못지않게 공포심을 느꼈다고 한다. 나중에 형처럼 아빠에게 혼나지 않으려면 열심히 공부해야 한다고 긴장하면서도 친구들과 놀고 싶은 마음도 많아서 어떻게 해야 할지 몰랐다니….

예나 지금이나 경준이는 나처럼 학원에 안 가겠다고 고집부리는 일이 없다. 학원이며 공부방에 무척이나 열심히 다닌다. 엄마가 시간을 알려주지 않아도 큰 가방, 작은 가방, 흰색, 검정색 바꿔가면서 아주 열심히 공부하러 다닌다. 그리고 학원을 더 다니겠다고 졸라대기도 한다. 이상한 놈이다. 가끔 경준이 방에 들어가 보면 무슨 가방이 그렇게 많은지 참 궁금하다. 다 학원 갈 때 바꿔 메고 나가는 가방이란다. 그렇게나 노력하는데 결과는…. 굳이 내 입으로 말하고 싶지 않다.

내가 어영부영 학교 다니며 간신히 중간쯤 되는 성적표를 받았을 때 아빠 심정이 어땠을지 이제는 이해가 된다. 얼마나 걱정이 됐을까.

경준이가 공부 잘할 수 있는 방법에 대해 많이 생각해보았다. 일단 집중력이 문제였다. 나는 엄마에게 경준이의 집중력을 위해 자극을 줘야 한다고 몇 번이나 말했다. 그런데도 엄마는 경준이를 야단치지 않았다. 잔소리한다고 성적이 오르는 게 아니라면서. 아빠는 나와 힘들었던 시간을 생각해서인지, 엄마의 설득 때문인지 내가 중학생일 때만큼 경준이에게 공부 스트레스를 주지 않았다. 물론 가끔 재미나게 텔레비전을 보는 좋은 분위기에 찬물 끼얹는 교훈을 던지긴 하지만.

오히려 엄마는 답답해서 어쩔 줄 모르는 경준이의 마음을 헤아려주자고 나에게 부탁하기도 했다. 나도 경준이가 좀 불쌍하긴 하다. 그래서 경준이가 일찍 잠든 날에는 재미있는 텔레비전 프로그램을 녹화해주는 서비스를 베풀기도 한다.

그런데 이놈이 이런 내 마음을 아는지 모르는지 겁도 없이 덤빈다. 형을 이겨보겠다고 덤비는 건 계란으로 바위 치기와 같다는 걸 왜 모를까? 막무가내로 달려들면 아주 기가 막힌다. 어쩌다가 동생이 휘두르는 주먹에 한 대라도 맞으면 나도 눈에 뵈는 게 없어진다. 동생에게 달려들어 있는 힘껏 때려주고 형을 몰라볼 때의 대가를 톡톡히 치르게 한다. 억울해서 씩씩거리는 경준이에게 매번 확인시켜주는 사실이 있다.

"새끼야, 다른 집을 봐. 나 같은 형 없어. 다른 형들은 동생이 눈이라도 치켜뜨면 그냥 바로 주먹 날아가. 나처럼 동생 사랑해주는 형 있으면 나와 보라고 해. 니 친구들한테 물어보면 알 거 아냐."

동생은 속이 상해서 눈물만 뚝뚝 흘린다. 이렇게 시끄럽다가도 우리는 다시 아무 일 없었다는 듯이 잘 지낸다. 싸울 때는 경준이가 얄밉지만 끝나면 그만인데 경준이도 내 마음 같을까? 경준이 마음속에 나를 향한 억울함과 분노가 숨어 있을까? 궁금하다.

아빠가 경준이에게 장난을 치면 경준이는 괴롭히지 말라며 꽥꽥 소리를 지른다. 나는 시끄러워서 아빠가 하자는 대로 하라고 더 크게 소리친다. 엄마는 아빠와 나에게 경준이를 장난감처럼 함부로 대하지 말라고 계속 말한다.

"너는 싫은 것 참을 수 있어?"

물론 참을 수 없다. 그런데 그만큼 시끄러운 것도 싫다.

내가 살펴본 결과, 사람은 형제 순서에 따라 공통적인 특징이 있다. 첫

째는 대부분 못생겼고 좀 바보 같다. 집안에서 항상 대접을 받아 자기가 최곤 줄 알기 때문이다. 세상물정을 몰라 밖에서는 찌질이처럼 약해도 집에서는 강해 보여야 한다고 생각한다. 이에 비해 막내는 건방지다. 가족들이 예뻐하기 때문이다. 아무리 그렇다 해도 첫째가 관심과 기대를 받으니 막내들의 삶은 어둡다.

텔레비전을 보면서 말장난을 하다가 또 싸우게 됐다. 서로 쿠션을 던지고 발길질을 하다가, 어휴 내가 져준다 하는 심정으로 털썩 주저앉았다. 하지만 말은 곱게 나갈 리가 없다.

"이 븅신 새꺄, 이 세상에 태어나서 나를 처음 봤을 때 첫인상이 어땠어? 기억이나 나냐? 앞으로 나를 끈덕지게 괴롭힐 놈이구나 이렇게 생각했냐?"

경준이는 별 대답이 없었다. 그렇다고 하면 내가 말꼬투리 잡고 늘어지다가 또 싸움이 벌어져 얻어맞을까 걱정하는 눈치였다.

경준이는 사람들이 자기를 보면 잘생겼다고 칭찬한다며 툭하면 자랑질이다. 얼굴 잘생긴 걸로 치면 나를 빼놓을 수 없는데 까불고 있다. 아침마다 현관 거울 앞에서 꼬리 빗으로 앞머리를 빗어 내리는 나를 보면서 엄마는 매일 말씀해주신다.

"세상에서 내 아들이 제일 잘생겼네. 이런 미남을 어디서 찾겠어. 머리 안 빗어도 멋지니 그냥 학교 가도 돼."

엄마가 인정하는 핸섬 가이를 옆에 두고 뭔 놈의 면상 자랑질을 하는지 원. 엄마는 분명히 내가 더 잘생겼다는 걸 알지

어린 시절 동생 경준과 목욕하는 모습

만 동생이 상처 받을까 봐 말하지 않을 뿐이다. 그래서 내가 확실하게 말해주었다.

"너랑 나랑 면상 비교를 제대로 한번 해보자. 니 코가 나보다 오똑한 건 인정해. 그렇지만 눈을 봐. 나는 쌍꺼풀이 확실하게 싹 예쁘게 있는데 니 눈은 너무 몰렸잖아. 쌍꺼풀 크기도 다르고. 그리고 전체적으로 보면 내 분위기가 훨씬 좋아. 너보다 똑똑하게 생겼거든. 안 그냐?"

자식, 이 정도로 못을 박았으니 앞으로 내 앞에서 잘생겼다는 자랑은 안 하겠지.

상담 끝나고 미장원에 가보니 경준이가 이발을 하고 있었다. 내일이 개학이니 방학 동안 길렀던 머리를 정리해야만 했다. 더 버틸 수가 없는 시점이었다. 뭐, 굳이 버티고 싶은 마음도 없었지만.

나는 머리를 자르면서 미용사와 이야기를 많이 하는데 경준이는 가만히 있었다. 좀 긴장하고 굳은 얼굴이었다. 왜 저러지? 이 미장원은 경준이가 더 오래 다녔는데. 같이 나오면서 말했다.

"새꺄, 넌 왜 그렇게 자신감이 없냐? 니가 원하는 머리 모양을 정확하게 말하고 이상하면 그게 아니라고 해야지."

"맘에 들어서 가만있었던 거야."

경준이가 점잖은 건지, 자신감이 없어서 조용한 건지 아직 정확히 모르겠다.

경준이는 나보다 공부를 잘했으면 좋겠다. 이 자식도 공부 잘하고 싶은 마음이 누구보다 강한 게 분명하다. 어느 날 내게 이런 질문을 했다.

"형, 수능은 언제부터 대비해야 하는 거야?"

"엄밀하게 말하면 지금 공부도 수능 준비라고 할 수 있어. 형은 중학교 다닐 때 공부에 별 관심이 없어 그냥저냥 지내고 나니 늦게 공부하느라고 머리가 터지게 생겼다. 미리 차근차근 공부했던 애들은 천하무적이라고 할 수 있지. 물론 중간에 성적 관리가 안 돼서 떨어지는 애들도 있지만 일찍부터 자기가 공부하겠다고 마음먹고 꾸준히 했던 애들이 결과가 좋더라. 그러니까 너도 계획 잘 세워서 장기전으로 열심히 하는 게 좋아."

경준이와 나는 서로 좋아하는 과목부터 시작해서 다른 점이 너무 많기 때문에 내 공부 방법을 따라 한다고 해서 좋은 성적이 나온다는 보장은 없다. 경준이가 더 이상 헛된 노력 없이 하루빨리 자기만의 학습 방법을 깨닫고 자신감을 가져 재미있게 공부하기를 바란다.

2년 전, 경준이의 초등학교 졸업 기념으로 우리 가족은 1박 2일간 부산 해운대에 갔다 왔다. 부모님과 함께하는 여행은 일단 몸과 마음이 편안하다. 그런데 그 여행에서 나는 경준이와 형제라는 사실을 새삼스레 깨달았다. 저 멀리 해변을 산책하는 부모님을 보면서 우리 형제는 모래사장에 앉아 이야기도 하고 모래를 뿌려가며 장난도 했다.

별스럽지 않은 이 평화로운 시간을 보내면서 경준이에게 내가 좀 더 너그러워져야 한다는 생각이 어렴풋이 들었다. 우리는 나이도 비슷하니 부모님보다 더 잘 통할 수 있고, 그런 의미에서 더욱 믿음직스러운 형이 되어야겠다는 다짐도 했다.

요즘 머리가 복잡할 때 기분 전환용으로 대학에 합격하고 나면 하고 싶은 일들을 목록으로 정리한다. 그중 하나가 경준이와 둘이서 짧게라도 여행을 갔다 오는 것. 해운대, 강릉, 속초… 그 어디라도 좋다. 바다를 바라보면서 내가 거쳐온 10대를 정리해서 들려주고 싶다. 이제 자기 자신에 대해 진지하게 생각하는, 어쩌면 진정한 사춘기를 보낸 형의 이야기는 동생에게 틀림없이 도움이 될 것이다. 내 얘기만 하는 게 아니라 동생의 마음속 생각도 듣다 보면 같은 부모 아래 태어났지만 우리가 얼마나 다르고, 그런데도 얼마나 사랑하고 의지하는지 확인할 수 있겠지. 이런 상상만으로도 동생이 더욱 소중하게 여겨진다.

경준이를 임신한 동안 아이를 낳을 때 급작스러운 상황이 생길 것은 전혀 예상치 못했다. 산전에 했던 각종 검사나 진찰에서 예보된 위험은 없었다.

출산 예정일이 가까워지면서 병원에 있을 사나흘, 퇴원해서 누워 있는 일주일 정도의 시간 동안 경은이가 먹어야 할 음식을 미리미리 준비해두었다. 경은이가 좋아하는 돼지고기 튀김을 두툼하게 만들어 차곡차곡 얼려놓고, 피를 얇게 밀어서 부드러운 속을 넣은 만두도 100여 개 만들어 냉동실에 넣어두었다.

그런데 갑작스런 상황으로 수술하여 경준이를 낳게 되었고 금방 회복할 수 없는 상태였다. 병원에 2주 정도 입원해 있었고, 퇴원 후에도 몇 달간 꼬박 침대에 누워 지내야 했다.

경은이는 이 상황을 아주 또렷하게 기억하는데 다만 나와 떨어져 있던 시간을 몇 달로 착각하고 있었다. 그만큼 경은이가 엄마 없는 시간을 안간힘으로 견디며 나를 기다렸다는 의미일 것이다. 하지만 주위의 그 누구도 어린 경은이가 어떤 생각을 하는지 신경 쓰지 못했다. 자신과 잘 놀아주던 엄마가 병원에서 오지 않아 마냥 기다렸는데 한참 후에 돌아와서는 핏기 없는 얼굴로 누워만 있고 어른들은 아픈 엄마와 조그마한 동생에게만 신경 쓸 뿐이었다. 엄마가 옆에 있었지만 경은이 마음은 외로움과 걱정으로 가득했던 모양이다. 내가 돼지고기 튀김과 만두

를 냉동실 하나 가득 준비해놓았던 것도 알았지만 먹고 싶지 않았다고
한다.

경은이는 정말 어둠을 무서워했다. 원래 겁이 많은 아이인 줄은 알았
는데 상담을 받으면서 공포도 불안에서 온다는 사실을 알게 되었다. 밤
에는 물을 마시며 나가는 것도 싫어했다. 어느 날 밤에는 주방으로 가
면서 이렇게 중얼거리기도 했다.
"너 물러가! 없어져!"
내 생각보다 실제 경은이가 느끼는 공포가 컸던 것 같다.
보통은 네 살이나 차이 나는 동생과 같은 방을 쓰라고 하면 형들이
싫다고 하거나 마지못해 받아들일 텐데 오히려 경은이는 먼저 동생과
같은 방을 쓰겠다고 강력하게 요구했다. 중학생이 되면서 공부방은 각
자 썼지만 경은이가 원하여 잠은 계속 동생과 한방에서 잤다. 그러다
고등학교 2학년 봄에 이사를 하면서 각자의 방에서 자게 되었다.

고등학생이 되어 열심히 공부하다 보니 적당히 보낸 자신의 중학교
시절을 절절히 후회한다고 하소연이었다. 그래서 경준이는 자기처럼
후회하지 않으려면 알찬 시간을 보내야 한다고 이것저것 알려주기에
바쁘다. 형은 가르쳐줄 게 산더미 같은데 동생은 그저 무덤덤하기만 하
다. 경은이는 자신의 호의를 고맙게 받아주지 않는 경준이를 보면서 자

꾸 속상하고 답답하다고 한다. 어느 날 식사를 하면서 학교 급식에 대한 불평을 한참이나 떠들고 나서는 동생 얘기를 했다.

"엄마, 지금 경준이 보면 나중에 서울에 있는 대학이나 가겠어요?"

"경은아, 네가 동생 걱정하는 마음은 알겠는데 지금 네 말대로라면 너 중3 때 성적 보고 엄마가 무슨 생각을 했을까? 지금의 너를 한번 봐. 그때 뭔가 확실하게 결정하는 게 과연 올바른 판단이었을까?"

곰곰이 생각하던 경은이 얼굴이 조금 밝아졌다. 엄마가 무엇을 말하려는지 미리 알아내는 직관력이 발휘되었던 것이다.

"맞다. 그렇구나. 오르락내리락했지만 그동안 내 성적은 쭈욱 상승세였네."

"그래, 오랫동안 노력해서 서서히 성적이 올라가고 있잖아. 네 말대로 한 번에 많이 오르면 다음번에 좀 떨어지더라도 전체적으로 보면 상승세야. 엄마가 생각할 때 경준이도 너처럼 꾸준히 좋아질 것 같아. 지금 열심히 하잖아. 나중에 뭔가 결정할 시기가 되면 지금보다는 훨씬 나아져 있을 거라고 믿어."

동생을 걱정했던 형의 마음도 한층 편안해진 듯했다.

하지만 상담 횟수가 많아져도 경준이를 장난감 다루듯 하는 경은이의 태도는 달라지지 않았다. 동생과는 공평한 관계라고 아무리 말해도 아빠가 자신을 대해온 방식으로 동생을 위압했다.

“무조건 윗사람 말은 따라야 한다. 잔소리하지 마.”

가만히 텔레비전을 보고 있는 동생에게 싸움을 걸기도 하고 그런 형에게 불만을 토로하면 건방지다고 윽박질렀다. 참다 못해 경준이가 덤벼 육탄전으로 번지는 일도 많았다. 동생 앞에서는 자기 감정을 조절하는 능력이 별로 발휘되지 않는다. 어쩌면 별로 하고 싶지 않은지도 모른다. 약자에 대한 배려가 아직 여물지 못한 증거다.

어쩌다 경준이가 자기 노트북으로 게임을 하면 심하게 화를 낸다. 욕을 섞어 언성을 높이면서 비난하는 모양새를 보면 나는 작은아이 편을 들어주고 싶은 마음이 밀려오지만 꾹 참는다. 경준이는 잘못하면 앞으로 형 노트북에 손도 못 댈 수 있다는 것을 알고 무작정 형에게 대들지도 못한 채 뿌루퉁한 얼굴로 컴퓨터를 끈다. 그 모습을 보다가 경은이는 화가 한풀 꺾인 목소리로 묻는다.

“형이 욕하니까 싫어? 화나? 욕은 안 했으면 좋겠냐?”

이 말 속에는 욕해서 미안해, 화가 나서 그랬는데 다음부터는 안 그럴게 등의 의미가 있음이 느껴진다. 상대방이 잘못했을 때 어떤 반응을 보여야 하는지, 일방적인 공격이 얼마나 상처를 주는지 경은이는 이미 잘 알고 있는지도 모른다.

가끔 얼굴 생김새로 누가 더 잘났는지 판결해달라고 조를 때처럼 난감한 경우도 드물다. 내 눈에는 당연히 둘 다 잘생겼고 각자 충분히 개성이 있는데 굳이 순위를 매겨야 한다고 우기는 사랑스럽기 그지없는 아들들이다. 아마도 주름살이 자글자글한 나이가 되어도 누가 더 잘생 겼는지 말해달라고 조르며 엄마 앞에서 어리광을 피우지 않을까.

　이렇게 동생 앞에서는 눈곱만큼이라도 더 나은 형이 되고 싶어서 안 간힘을 쓰지만 사실 경준이를 얼마나 사랑하고 걱정하는지 누구보다 나는 잘 안다. 머지않아 이런 마음을 표현하고 전달하는 방법에서 경준 이를 더 배려하고 이해하는 의젓한 형이 될 것을 믿는다.

외모 그리고 학교

6. 대머리 되면 아빠한테 결투 신청할 거야

　나는 키도 작고 살집도 있다. 한마디로 몸매는 꽝인 남자다. 그렇다고 길쭉하고 잘생긴 이 시대의 꽃미남이 되고 싶은 마음은 별로 없다.

　다만 나는… 다른 사람과 좀 다르게 보이고 싶다. 같은 교복을 입고 비슷한 머리 모양을 하고 있는 우리 사이에서 돋보이고 싶다. 멀리서도 전경은이란 걸 한눈에 알아보게 하고 싶다.

　그래서 유행에 뒤떨어지지 않으면서도 독특한 머리 모양의 세계를 꾸미기로 했다. 중2까지 아빠가 원하는 머리 모양과 내가 하고 싶은 게 너무 달라서 집안이 시끄러울 정도였다. 아빠는 그저 단정한 모양이 최고라고 하지만 우리는 우리만의 유행이 있다. '예의' '단정' 이런 단어들은 이제 듣기만 해도 머리가 아프다.

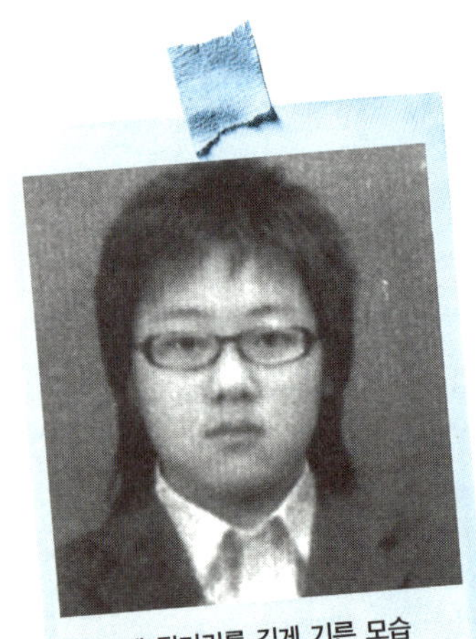
중3 때 뒷머리를 길게 기른 모습

　중2 겨울방학 전부터 학생부 선생님을 피해가며 머리를 길렀다. 뒷머리가 어깨에 닿는 순간 마구 뿌듯해졌다. 새 학년이 되자 엄마는 내 꽁무니를 따라다니면서 머리 자르라고 노래를 불렀다. 우리 반 친구들은 내 머리가 제일 길고 멋있다고 인정해주는데 정말 아무것도 모르는 엄마다.

　머리로 나를 표현할 수 있어서 아주 좋다. 그런데 집에서고 학교에서고 왜 머리 모양 갖고 잔소리를 하고 잡아대는지 이해가 안 간다. 내 머리 내가 기르겠다는데 참견들을 해대는 어른들이 한심하다. 긴 머리 학생 잡아서 짧게 자르게 하면 그 학생이 어른 취향에 맞는 10대로 거듭난다고 착각하는 게 분명하다. 소중한 머리털을 건드릴 때 내 눈이 얼마나 분노로 불타는지 알기나 하는지 원. 후환이 두렵지도 않는가! 어느 날 친구가 학생부에 걸려서 머리털이 조금 잘렸다. 그걸 보면서 내 머리가 잘리는 듯한 공포가 밀려왔다. 학교가 무서웠다. 아침마다 긴 머리 걸리지 않고 교문을 통과해야 한다는 근심에 학교 가는 것조차 싫었다. 아무리 첫인상이 좋았던 선생님이라도 내 머리를 문제 삼으면 그 순간 우리 관계는 뒤틀렸다.

그런데 어느 날 내 머리가 너무 길어 보였다. 날씨가 갑자기 따뜻해져서 답답했나? 머리를 조금 잘라야겠다는 생각이 들었다(14회기). 이제는 머리 길이보다는 다른 방법으로 색다른 변화를 주고 싶었다.

그래, 바로 머리 염색이다!

목덜미만 조금 가려도 학생부 선생이 열라 쫓아오는 현실에서 염색이라니, 내가 생각해도 쉬운 일은 아니지만 그래도 난 하고 싶었다! 내 머리를 내가 원하는 색으로 바꾸겠다는 왜 그렇게들 난리야 난리가!

계획을 말하자 엄마는 처음에 어떻게 해야 할지 모르겠다고 한참 고민하시더니 결국은 방학 시작하면 염색을 했다가 개학 직전에 다시 검은색으로 되돌리자고 절충안을 만들어냈다. 일단 오케이! 개학 후의 일은 그때 가서 걱정해도 된다.

마음 같아서는 연예인처럼 완전 노란 금발을 만들고 싶었지만 우리 집에도 학생부 주임 못지않은 서슬 퍼런 노땅, 아빠가 있음을 생각해내고 밝은 갈색으로 염색했다. 집에 가는 길에 내 머리만 반짝반짝 빛나는 느낌이었고 사람들이 멋진 내 머리 색에 감탄하는 게 보였다. 이건 절대 착각이 아니다.

엄마가 아빠에게 미리 무슨 약을 먹였는지는 몰라도 아빠는 내 모습을 보시고는 한숨만 쉬셨다. 이 멋진 모습으로 방학 동안 열심히 공부하기로 했다.

개학이 내일모레로 다가오자 엄마가 미용실에 가서 머리 색을 바꾸라고 재촉하셨다. 약속을 했으니 지키라는 압력이었다. 그런데 난 어떻게든 버텨보겠다는 심사였다. 사실 개학 후에도 이 상태를 유지할 수 있는 변명거리를 만들기 위해 방학 내내 고민했다. 조금 걱정되는 마음으로 학교에 갔는데 선생님이 아무 말씀을 안 하셨다. 기뻤다. 어떻게 이 멋진 머리를 한 달이라는 유효기간으로 끝장낼 수 있는가. 하지만 이 천국 같은 시간은 사흘을 못 넘겼다. 학생부 주임이 내가 보일 때마다 뛰어와서 염색했다고 아주 지랄 지랄을 해댔다. 나는 아무것도 몰라요 요런 순진한 눈빛으로 대답했다.

“염색 안 했어요. 저는 원래 머리가 갈색이라서 그런 오해 자주 받아요.”

돌아오는 응답은 귀신 씨나락 까먹는 소리 하지도 말라는 경고였다. 이런 숨바꼭질과 우기기를 며칠 계속하자 주임은 엄마를 부르겠다고 협박질을 해댔다.

나도 질 수는 없었다. 혹시 학교에서 엄마를 부르더라도 당당하게 이렇게 말해달라고 부탁했다.

“우리 아들은 저를 닮아서 태어날 때부터 머리가 갈색입니다. 제 머리카락을 보세요."

엄마는 말도 안 되는 소리 하지 말라고 펄쩍 뛰셨다. 약속을 안 지켜서 생긴 일이니 엄마 끌어들이지 말고 알아서 해결하라고 했다. 그렇지만 내가 누군가. 착한 우리 엄마에게 온갖 읍소와 협박을 시도 때도 없이 해서 결국은 엄마가 변명해주기로 약속을 받아냈다.

9월 중순, 드디어 엄마가 학생부 호출을 받고 학교에 나타났다. 20일 이상 엄마 귀에 대고 세뇌를 했으니 엄마는 선생님 앞에서 당당하게 큰소리 칠 수 있으리라 믿었다.

그러나… 엄마는 나를 처참히 배신했다. 내 교육은 아무 효과가 없었다. 학생부 선생이 빨리 머리를 원상 복구하라고 요구하자 조용히 알겠다고만 대답했다. 어휴, 바보탱이 엄마.

강자에게는 강하게 밀어붙여야 한다는 인생 원리를 그렇게도 모르나. 뻔뻔하게 한번 우겨야 했는데 아쉬움이 너무 컸다.

집에 와서 엄마는 조금 울었다.

"아들 키우면서 별일 다 겪는다지만 오늘은 참 견디기 힘들어. 앞으로 어떤 일이 더 생길지 걱정이다."

눈물이 글썽글썽한 엄마를 보면서 많이 미안했다. 가만 생각해보니 학교 다닐 때 엄마는 나 같은 학생은 이해도 못하고 어쩌면 경멸하기도 했을 법한 모범생이었다. 교무실에는 칭찬이나 들으러 갔을 테니 아무리 자식 일이라도 야단맞고 지적받으러 학생부에 가는 게 좀 그랬겠지.

휴, 내 머리는 내가 책임을 져야지 별수 있나. 미용실에 가서 다시 검은 색으로 물들였다. 염색 불가라는 교칙으로 보자면 이것도 염색인데 잘못 아닌가? 이런 생각도 들었지만…(27회기).

염색에 대한 갈망은 한 번으로 끝나지 않았다. 중3 겨울방학에 다시 염색을 했다. 졸업식만 하면 되니 겁날 게 없었다.

고등학교 입학식에 오신 엄마는 체육관 2층에서 아래쪽을 내려다보며 400명이 넘는 신입생 중에서 나를 한 번에 찾아내셨다고 한다. 다른 학생들보다 유난히 노르스름한 머리카락을 가진 학생이 있어 자세히 보니 동그란 뒤통수가 바로 나였다나. 이렇게 달라 보이니 얼마나 좋아. 선생님들이 기를 쓰고 막는 이유를 모르겠다. 물론 예상대로 며칠 후에 또다시 검은 칠을 해야 했다.

대한민국 패션의 중심지에 있는 고등학교에 다니게 되었으니 근처에 사는 애들에게 외모로 꿀리고 싶지 않았다. 다른 친구들과 달라 보이는 머리 모양을 해야 한다는 생각에 변함이 없는 나는 새로운 머리 모양을 찾아내는 데 선두 주자가 되었다. 텔레비전에서 아이돌 스타들이 나오면 나에게 어울릴 만한 머리 모양을 눈여겨봤다가 미용실에 가서 그대로 해 달라고 요구했다. 나를 본뜬 머리 모양이 흔해지면 또 다른 모양으로 바꾸었다. 여름방학 직전에는 완전 삭발을 하고 한쪽에 근사한 스크래치를 냈다.

교문 앞에 서 있던 학생부 선생님은 시원스런 내 머리 모양에 칭찬을 쏟아놓다가 스크래치를 보고는 꿀밤 한 대를 보너스로 주셨다. 완전 삭발은 아무나 하나. 나의 카리스마에 친구들이 경외의 눈빛을 보낼 것이 확실했다. 짜잔! 교실에 내가 나타나자 친구들이 우르르 몰려오더니 소중한 내 머리통을 마구 쓰다듬었다.

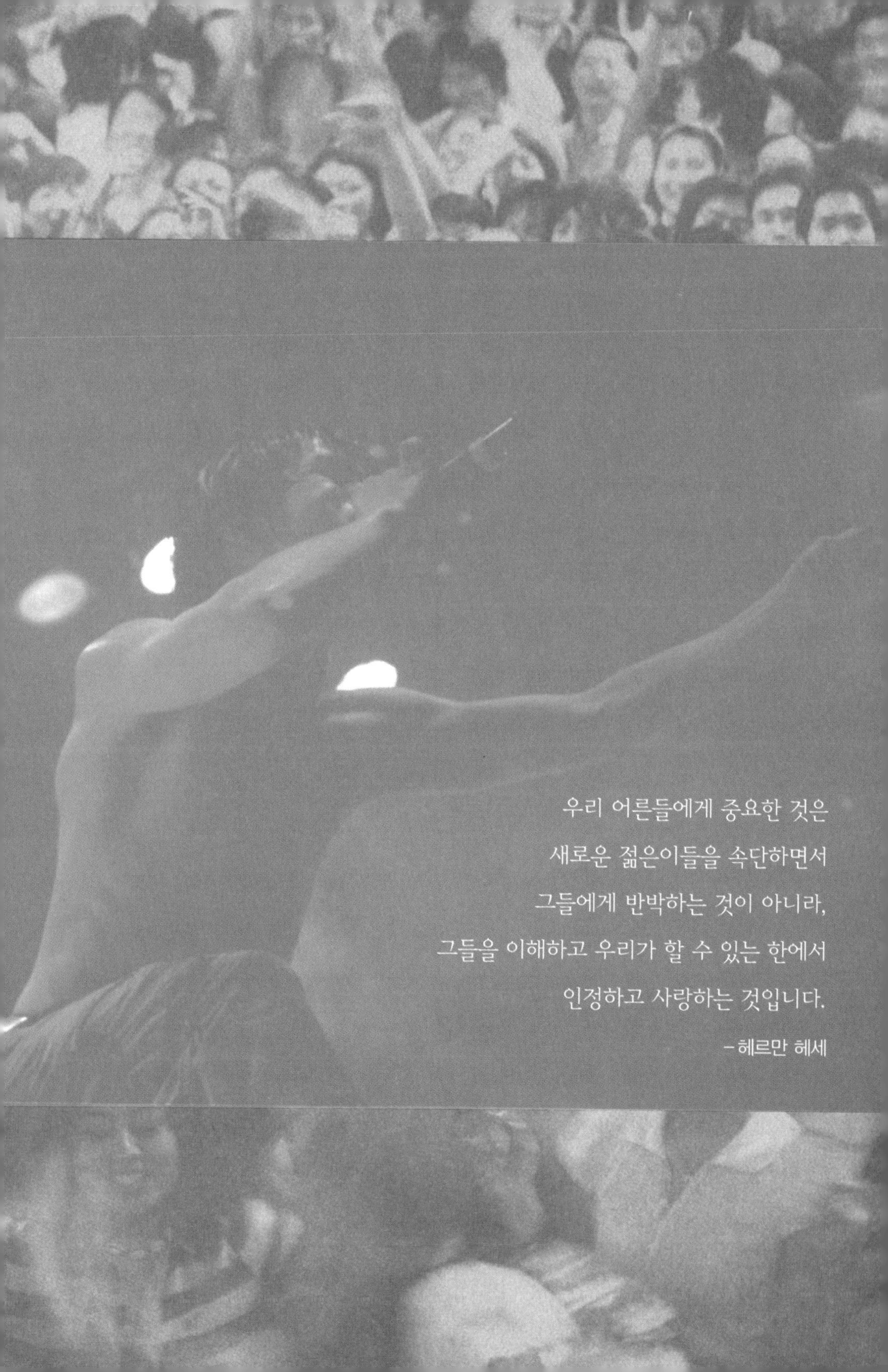

우리 어른들에게 중요한 것은
새로운 젊은이들을 속단하면서
그들에게 반박하는 것이 아니라,
그들을 이해하고 우리가 할 수 있는 한에서
인정하고 사랑하는 것입니다.

－헤르만 헤세

"둥그런 타조 알 같다. 완전 타조 알이다! 촉감 짱이야."

소리를 질러대면서 한바탕 난리들을 떨었다.

예상이 완전 빗나갔다. 카리스마 대신 타조 알이라니!

민머리에서 뿜어나오는 강렬한 남성미를 목표로 했건만 대중의 반응은 너무나 허망했다. 다시는 삭발을 하지 않겠다고 결심 또 결심했다. 그때부터 머리를 기르기 시작해서 1년이 지나도록 미장원은 근처에도 안 갔다.

구레나룻은 남자의 생명이라며 끝끝내 밀어내기를 거부하는 사람도 많지만 내가 구레나룻을 기르는 이유는 좀 다르다. 내 머리카락은 아주 뻣뻣하기 때문에 길이가 짧으면 얼굴선에 붙지 않고 붕 뜬다. 더구나 안경을 쓰는 나 같은 사람은 안경테 두께로 더 뜨게 된다. 앞에서 보면 얼굴 옆선이 두 개 생긴다. 아침에 집에서 나올 때마다 현관에 있는 거울 앞에서 신경 쓰는 부분이 바로 구레나룻 잠재우기다. 얼굴선에 맞춰 구레나룻을 붙이기 위해 어느 정도 길게 만들다 보면 자연히 옆머리 길이도 함께 자랄 뿐인데 학교에서는 이런 개개인의 고민은 완전 무시하고 일률적으로 짧게 하라고 하니 답답할 뿐이다. 온갖 인종이 섞여 사는 미국이라면 인종별로 모발 특성이 다르니, 이런 교칙을 만들었다가는 인종차별주의라고 비난받을 게 분명하다. 이렇게 작은 문제에서도 서로 다름을 인정해주지 않는 분위기에 갑갑증은 끝도 없이 커져만 간다.

좀 깨어 있는 교육학자들이 두발 길이가 학생들 사고방식에 끼치는 영향을 주제로 깊이 있는 연구를 해서 발표했으면 좋겠다. 오랫동안 폭넓게 관찰해서 정말 귀가 나오고 뒷머리가 짧은 학생이 공부를 잘하고 성실하며, 어른이 되어서도 모범적인 사회인이 되는지 통계를 내봤으면 좋겠다. 과연 그 확률은 얼마나 될까? 뒷머리 확 잘라라, 옆머리 밀어라 이런 말

대신 선생님들이 우리와 소통할 수 있는 대화란 없는 걸까? 우리가 더 멋져 보일 수 있도록 감각을 키워줄 수는 없을까? 선생님들에게는 오로지 '단정함'만이 지상 최상의 선택인가?

그런데 새롭게 만난 친구들에게 머리 모양으로 내 정신세계를 표현하는 데는 너무 한계가 많았다. 그래서 1학년 봄에 일찌감치 한쪽 귀를 뚫었다. 귀 뚫기 한참 전부터 엄마에게 와방 분위기를 잡고 귀고리부터 골라놓았다. 이제 엄마는 내가 코에 구멍을 하나 더 내도 상관없다는 투로 받아들인다.

귀 한쪽을 뚫고 반짝반짝거리는 귀고리를 한 다음 이렇게 소리치고 싶었다.

"나는 귀에 구멍을 낸 사람이다! 그 누구도 나를 함부로 볼 수 없다. 그 많은 규칙과 구속을 거부하고 이런 시도를 거침없이 할 수 있는 '센' 사람이다. 아무도 날 건드리지 못한다!"

실제로 친구들도 나의 대담함에 놀랐는지 함부로 대하지 않았다.

엄마는 덧나지 않게 소독을 해주면서 귓불이 두꺼워 쉽게 아물지 않을 수도 있으니 다시 막히지 않게 조심하라고 했다.

우리 집 학생부 주임, 아빠는 이런 내 마음을 '허영심'이라고 단정 지어버렸다. 그러면서 이렇게 비꼬았다.

"왜 한쪽만 뚫었냐? 양쪽 다 뚫어버리지."

쳇, 부러우면 솔직히 부럽다고 하시지.

게다가 음악에도 한 가락 재능이 있다는 것을 증명하기 위해 커다란 헤드폰을 목에 걸고 다녔다. 입학식에도 헤드폰을 걸고 갔다. 기념사진을 보면 여의주만 한 헤드폰을 걸고 썩쏘를 짓고 있다.

학교 갈 때 헤드폰으로 음악을 들으면서 간다. 교문을 통과할 때는 가방에 넣었다가 교실로 가면서 다시 꺼내 목에 건다. 엄마는 멀리서 보면 목에 커다란 나비넥타이를 받침대로 맨 것 같다고 놀리지만 그건 너무 세상을 모르는 소리! 모두들 멋지게만 보는구만.

교문을 지날 때 또 한 가지 해야 할 일은 귀고리를 감추는 작업이다. 잔소리와 벌점이 무서운 게 아니라 귀고리를 뺏기게 되니 너무 아깝지 않은가. 그래서 살색 반창고를 가방에 넣고 다니다가 등교할 때 살짝 귀고리 위에 붙여준다. 귓불에 달라붙는 모양의 귀고리는 이 방법이면 무사통과다. 엄마는 꼭 그런 귀찮은 방법을 써가면서까지 귀고리를 해야겠냐며 또 한 소리 하지만 난 그래도 좋다. 엄마 말대로 이왕 뚫은 거 잘 보존해야 하지 않겠는가.

힙합에 대한 관심이 시들해지면서 헤드폰은 슬며시 내 목에서 내려왔다. 귀는 다른 쪽까지 마저 다 뚫었고 틈만 나면 입체감 있는 과감한 피어싱을 하려고 맘먹는다.

그런데 이번에는 엄마가 더 이상은 절대로 손댈 수 없다며 강경하게 나왔다. 아직은 미성년자이니 내 몸이라도 내 마음대로 하게 놔둘 수 없단다. 얼굴이며 몸 여기저기에 커다란 구멍을 뻥뻥 뚫는 것은 멋이라기보다는 자학으로 보이니 정말 하고 싶으면 어른이 되어 완전히 독립한 후에 하라는 거다. 그때는 뭔 짓을 해도 상관하지 않을 테고 간섭할 수도 없다고 하자 막무가내로 나갈 수가 없었다. 사실 남이 한 것은 멋있어 보이지만 내가 하려니 겁이 나긴 했다.

나는 어릴 때부터 또래들보다 키가 작았다. 엄마는 나처럼 잠 안 자고 보채는 아기는 이 세상에 드물었을 거라고 한다. 사실 나는 지금도 밤에 잠을 잘 못 잔다. 잠이 쉽게 들지도 않고 가끔 잠에서 깨면 다시 잠들기가 어렵다. 엄마는 다른 아기들이 하루 대부분을 잘 때도 나는 30분 이상 계속 자는 걸 본 적이 없다고 했다. 경준이가 태어날 때까지도 밤에 서너 번 이상 깨어서 시원한 물 달라고 엄마를 귀찮게 했으니, 지금도 그때를 생각하면 고개를 저으신다. 그러니까 내 키가 작은 건 순전히 깊은 잠을 못 자서라는 거다. 하긴, 이렇게 잘 먹는데 키는 안 크고 살만 찌는 게 이상하기는 하다.

중2 겨울방학을 보내고 친구들을 만났을 때만 해도 애들이 많이 컸다는 생각이 별로 안 들었는데 중3 1학기 중에는 주위 친구들이 봄비 맞고 자라는 새싹처럼 쑥쑥 자라는 게 느껴졌다. 그래서 여름방학 계획을 세울 때 꼭 운동을 하겠다고 결심했다.

아침마다 일어나서 운동장에 나가 스포츠 클럽 선생님과 키 크는 체조는 물론 여러 가지 운동을 했다. 당장 키를 크게 할 수는 없겠지만 살이 찌면 키 크는 데 나쁜 영향을 주기 때문에 체중 관리를 해야 한다는 의사 선생님의 당부를 생각하고 열심히 했다. 친구들에게 물어보니 키를 크게 해주는 한의원도 있다고 해서 엄마에게 그런 한의원을 찾아내 데려가 달라고 부탁했다.

엄마가 데려간 한의원 의사 선생님은 좀 실망스러운 말씀을 하셨다. 현재는 키 크게 해주는 약도 없고 침도 없다고. 다만 밤에 잠을 잘 자고 살이 많이 찌지 않도록 조절해주는 약을 먹으면 몸과 마음이 편안해져서 키 크는 데 도움이 될 수도 있다고 했다. 수많은 의사들과 연구하는 사람들은 대체 뭐하는 건가. 키 크는 즉효약도 여태 개발 못하고!

　어느 날, 학원 가는 길에 만난 친구는 완전 다른 모습이었다. 나만큼 뱃살이 있던 애였는데 못 본 사이 매우 날렵한 몸매가 되어 있었다. 물론 키도 나보다 훨씬 컸다. 비결을 물어보았더니 복싱을 배운다고 했다. 집에 와서 당장 나도 복싱 배우러 다니겠다고 했다(25회기).

　체육관에 가보니 코치 선생님이 아주 끝내줬다. 선생님이라기보다는 형 같았다. 잘생기고 키도 크고 몸매도 내 맘에 쏙 들었다. 일주일에 두세 번 시간 날 때마다 가서 줄넘기도 하고 스트레칭도 하고 제자리 달리기도 했다. 엄마는 나날이 내 얼굴선이 살아나서 멋진 청년으로 변하고 있다면서 좋아했고 나는 주먹이 강해진다는 확신이 들었다. 비록 키는 크지 않았지만 웬만한 사람은 건드리면 본때를 보여 줄 수 있다는 자신감이 생겼다.

　공부에 전념할 때도 일주일에 두 번 정도는 헬스클럽에 나가 한 시간씩 걷곤 했다. 그렇지만 운동량이 턱없이 부족한지 자꾸 살이 쪘다. 엄마가 사 오신 티셔츠가 몸을 넣고 꿰맨 듯이 맞았다. 저녁에 잘 때는 내일 아침에는 꼭 운동을 하고 곧바로 학

:: 경은이 랩 작사 노트 중

원에 가야겠다고 결심하지만 막상 아침이 되면 조금 더 자고 싶은 마음에 전날 밤의 결심은 감쪽같이 사라졌다. 할 일이 너무 많았다. 공부도 많이, 운동도 열심히!

아침에 나갈 때마다 거울 앞에서 몸을 이리저리 비틀며 내 모습을 점검하는데 엉덩이가 점점 넓어지고 있었다. 엄마 눈에는 사랑스럽기만 하겠지만 그건 엄마니까 할 수 있는 말이다.

키도 작고 살이 쪄서 옷발이 안 서는데 점점 편안한 옷이 땅긴다. 자습실에 오래 앉아 있다 보니 자꾸 편한 옷을 찾는다. 추리닝 패션의 편안함은 말로 다 설명하기 어렵다. 엄마는 제발 때와 장소를 가려가며 옷을 입어달라고 부탁하지만 입은 듯 만 듯한 부드러운 추리닝의 유혹을 쉽게 떨쳐낼 수 없다.

내 생각에 옷에 신경 쓴다는 걸 대놓고 광고하는 건 진정한 멋쟁이가 아니다. 나는 운동복 바지에 모자와 티셔츠만으로도 옷발 서는 남자로 변신할 수 있다.

키가 작고 살이 쪘다 해서 기죽거나 속상하지는 않다. 키가 작으면 신발에 깔창을 넣어 신고 다니면 된다. 대학 합격하고 나면 열심히 운동해서 몸짱으로 거듭날 자신도 있다.

진짜 문제는 체형이 아니다. 다른 사람은 안 해도 되는 큰 걱정거리가 반갑지 않은 선물처럼 내 눈앞에 버티고 있다. 바로 아빠를 닮아 나도 대머리가 되면 어쩌나 하는 걱정이다. 요즘 머리 감을 때마다 뭉텅뭉텅 빠져나오는 머리카락을 보면 등급 떨어진 성적표를 받은 것처럼 가슴이 답답하다. 어쩌자고 엄마는 나의 아빠로 대머리를 선택한 건지…. 대머리는 대부분 유전이 확실한데 할아버지까지 대머리였으니 나는 헤어 나올 수 없는 유전의 웅덩이 속에 빠진 상태다. 게다가 아빠는 군대 갔다 온 후부터 완벽한 대머리였다는데 신경이 이만저만 쓰이는 게 아니다. 20대 중반이면 나도 대머리가 될 확률이 크다는 증거 아닌가. 결혼하고 40이 넘은 다음에도 이마가 넓어지면 속상할 텐데, 내 소중한 젊음을 대머리라는 먹구름이 가려버릴지도 모른다고 생각하면 자다가도 데굴데굴 구르고 싶다.

어릴 때는 이 많은 머리숱이 빠져봤자겠지. 빠지기만 하나? 새로 나오는 머리카락도 많을 텐데 하며 위안했는데 요즘에는 머리를 말릴 때 세면대로 떨어지는 머리카락의 양이 점점 늘어나는 것 같아 너무너무 불안하다. 시험 걱정, 진로 걱정으로도 시간이 모자라는 판에 나는 탈모 걱정까지 해야 한다.

그럴 때마다 나는 엄마에게 신경질을 낸다. 어떻게 남편 될 사람은 물론이고 남편의 아빠까지 대머리인 걸 뻔히 알면서 결혼을 했냐고 말이다.

"엄마는 배우자를 고를 때 여러 가지 조건을 잘 살펴봐야 했을 거 아니야. 남편감으로뿐만 아니라 2세의 아빠로도 부족함은 없는지 봐야 했을 거 아나냐구."

그러면 엄마는 난감한 표정으로 어물어물 대답하신다.

"대머리가 아빠 잘못은 아니잖아. 아빠가 선택할 수 있는 범주도 아니고. 물론 어떤 외모가 맘에 안 든다 보기 싫다 이런 평가를 할 수는 있지만 아빠 탓이 아닌 조건 때문에 아빠를 싫어할 수는 없었어."

"몰라. 나 대머리 되면 아빠한테 결투 신청할 거야."

"엄마가 대머리랑 살아보니 흔히 말하는 대머리에 대한 선입견이 얼마나 잘못됐는지 알겠더라. 다른 사람이 뭐라고 하든 아빠나 내가 신경을 안 쓰는데 뭐가 문제야."

엄마가 뭐라고 하든 절대 대머리가 되면 안 되겠지만 혹시 다른 사람보다 머리숱이 좀 적어지더라도 외모 너머 내 진면목을 알아볼 현명한 여자를 만날 수가 있을지 무지 걱정이다.

이건 그냥 하는 고민이 아니다. 공부를 하다가 갑자기 머리카락이 책갈피 사이로 우수수 떨어지는 순간 나는 정말 짜증이 확 밀려온다. 휴대전화로 정수리 부분 사진을 찍어보면 검은색이어야 할 곳에 하얀 살이 얼마나 많이 보이는지 말도 못한다. 공부고 뭐고 다 집어치우고 당장 탈모 관리 받으러 가고 싶은 마음뿐이다. 엄마에게 사진과 함께 울화통 터지는 내 심정을 문자 메시지로 보냈다.

좆나 신경 쓰여. 대가리 털 때문에 집중이 안돼.

금방 엄마의 긴 답장이 왔다. 문자 메시지 찍는 속도가 거북이인 우리 엄마, 고생이 많다.

실제로 보면 그렇게 허옇지 않아. 너무 걱정되는 건 알겠는데 이 엄마는 절대로 너를 대머리로 만들지 않을 테니, 나를 믿어. 우리 집 빛나리는 아빠 한 사람으로 충분해. 아들 머리 벗겨지는데 나 몰라라 하고 무기력하게 보고만 있지 않을 거야. 네가 고민하기 전에 내 귀한 아들 대머리 되는 거 엄마가 먼저 못 봐. 엄마는 한다면 해. 만약 네가 원한다면 지금부터 관리받게 해줄게.

공부하다 말고 갑자기 왜 멀쩡한 머리 갖고 트집 잡냐며 핀잔을 주었거나, 괜찮을 테니 걱정 말라고 무성의하게 대답했다면 나는 계속 불안해서 온갖 나쁜 상상을 하느라 공부는 뒷전이었을지도 모른다. 그렇지만 엄마는 내 고민을 진지하게 받아주었고 나만큼 엄마의 강한 의지를 확인하면서 매우 안심했다.

어쩌면 엄마는 아들을 침범하는 탈모 공격수에게 칼을 휘두르며 대항하는 용감무쌍한 중세의 기사일지도 모른다. 힘내라, 우리 엄마.

조금 전까지만 해도 가방 싸서 집으로 가고 싶었는데 다시 책 속으로 집중한다. 이 건강한 머리카락을 잘 관리해서 늙어서도 두피에 머리카락이 가득 자라나게 해야 할 텐데….

2006년 5월에 경은이가 아빠에게 보낸 편지다. 사춘기 초반부터 두 부자의 신경전이 얼마나 팽팽한지 그대로 나타난다. 경은이가 그 당시 유행하던 일명 새기커트(속칭 샤기컷)를 하고 나타났는데, 그것이 못마땅했던 남편은 잔소리를 해댔고, 거기에 대드는 경은이의 뒤통수를 한 대 때린 후 아들에게 장문의 문자 메시지를 보냈다. 그날 밤 경은이는 더 긴 편지를 써서 남편의 휴대전화 아래 놓아두었다.

아버지께

길고도 긴 문자를 잘 보았습니다. 꼭 그렇게 하지 않으셔도 되는데 돈만 낭비한 것 같군요.

일단 본론부터 말하자면 '머리'가 중심 내용이네요.

제 '성적'이 좋지 않아 마음을 잡으라는 뜻으로 머리를 자르라는 건데, 그건 아버지의 입장에서만 생각할 때입니다. 제가 무슨 어린아이입니까? 아버지가 하라는 대로 하게.

아버지가 제 머리를 자르든 고추를 자르든 제가 마음을 잡지 않으면 절대 못합니다. 한마디로 아버지는 구름 같은 제 마음을 못 잡는다 이거죠. 그리고 전 지금 사춘기라 외모에 신경을 쓰지 않으려야 쓰지 않을 수가 없습니다. 그러니까 제가 마음을 잡기 전에 아버지가 꿈을 깨셔야 할 것 같네요.

그리고 솔직히 이번 시험은 억울합니다. 어느 개좆같은 선생이 단수 복수 때문에 10점 다 깎고, a 안 썼다고 다 깎는 붕신이 있습니까? 영어는 정말 억울합니다. 아버지가 만들어주신 말하기 원고도 조금 더 길고 부분 점수를 주면 최소 90점은 될 것입니다. 과학 또한 그렇습니다. m/s를 m이라 쓰고 min을 m이라 썼다고 0점 주었습니다! 식과 계산 과정은 다 맞았는데 말이죠. 그리고 '황화 현상'을 '황하'라 썼다고 0점 주었습니다. 참, 붕신들 같습니다. 조금씩 부분 점수만 줘도 87점은 됩니다. (…) 물론 선생님들이 부분 점수를 준다고 해도 결코 잘한 점수는 아닙니다. 하지만 제 인권까지 침해하면서 혼내기는 무리입니다. 아버지가 알다시피 성적이 점차 나아지고 있습니다.

　이 글을 읽으시면서 아버지는 자신이 엄하다고 생각하시겠지만 틀린 생각입니다. 제 약점 하나를 잡고 늘어지는 것 같습니다. 물론 서술형 답은 제 잘못이어서 매우 치욕스럽고 창피합니다. 하지만 아버지, 저도 하나의 인간으로 생각해주십시오. 이제는 고추 털도 나고 몽정도 한 제법 큰 아들이란 말입니다!

　제가 1학년 때 귀두커트 하고 학교 가면 아이들 반응이 어떤 줄 아십니까? 물론 아버지는 걔네들이 이상하다 하지만 아버지 말이 맞으면 전국의 청소년들은 다 정신병자입니다. 2학년 초에도 귀두커트 했다고 놀린 아이가 있었습니다. 매우 화났지만 참았죠. 어쩔 수 없는 사실이니까요. 전 정말 솔직히 말하면 '공부'는 잘하고 싶지만 '바른생활 사나이'는 싫습니다. 제 15세 폭풍의 마음을 알아주세요. 제가 고쳐야 할 것을 이야기해보겠습니다. 문제를 제대로 읽는 것, 단위 확인, 검산, 교과서 내용 읽기, 과목 골자 공부하기입니다. 이 점은 모두 고치도록 노력을 하겠습니다. 아버지가 보듯이 제가 더 나은 인간이 되어가고 있질 않습니까?

귀두커트를 할 때마다 얼마나 비참하고 아버지를 원망하는지 압니까? 아버지가 원하는 모양으로 제 머리를 깎을 때의 단점을 설명해드리겠습니다.

첫째, 매사에 의욕이 떨어진다. 둘째, 자신감이 없어진다. 셋째, 가족 사이가 나빠진다. 넷째, 저도 어쩔 수 없지만 자꾸 아버지에게 복수하고 싶어진다. 저 솔직히 말해서 2학년 때 담배 피려 했습니다. 너무, 너무 힘 듭니다. 학교 시작할 때부터 끝날 때까지 '귀두, 귀두'란 말이 제 머리를 어지럽힙니다.

아버지, 성적이 한꺼번에 팍 오를 수는 없지 않습니까? 저는 점점 올라가고 있습니다.

이렇게 정성으로 편지를 썼는데 아버지가 머리 갖고 또 뭐라고 하면 제가 아버지를 뭘로 보겠습니까? 전 아버지 욕하는 것도 싫습니다.

물론 이번에 전교 10등 안에 들기는 힘들겠지만 더 큰 발전의 모습을 보이겠으니 제발 제 사생활, 외모 갖고 정신 차리라는 뜬구름 잡는 착각을 하지 마십시오.

이만 씁니다. 안녕히 주무세요.

아버지를 믿습니다.

2006/5/22 00:55

장남 경은 올림

중학교 때 한창 외모 가꾸기에 열중했던 경은이 덕에 심심치 않게 학생부실에 불려 다니던 것은 그리 기분 좋은 추억이 아니다.

학생부실에 들어서는데 왜 엄마가 아닌 주눅 든 학생 모습이 되었던 걸까? 아이의 요구가 일단 내 기준에서 받아들일 수 없는 내용이기 때문이었다. 내가 옳지 않다고 생각하는데 선생님 앞에서 고집을 피울 수 없었다. 경은이 입장에서는 엄마로서 갖춰야 될 덕목에 '자식 일 때문에 학생부실에 불려 가도 당당하고 떳떳하게 우기기' 항목을 추가하고 싶겠지. 경은이의 기대대로 되지는 않았지만 나중에 "학교에 와줘서 진짜 고마웠어"라고 말해주어 나야말로 정말 고마웠다.

외모에 대한 관심은 초등학교 5학년 즈음 시작되었다. 엄마가 사다 준 옷을 아무 불만 없이 입던 아이가 어느 날 체인으로 된 벨트를 꼭 사달라고 애걸복걸했다. 집에 있는 벨트들도 멀쩡하고 멋있기만 한데 벌써부터 유행을 따라간다고 생각하니 걱정이 될 수밖에 없었다. 게다가 로커 분위기? 내 패션 취향과 너무도 다른 아이의 요구를 쉽게 들어주기 싫었지만 마치 거기에 인생을 다 건 듯이 졸라대 하는 수 없이 번쩍번쩍한 쇠줄 벨트를 사다 주었다.

한동안 오나가나 허리춤에서 철렁거리는 소리를 내고 다니더니 어느 날부터 힙합 패션에 사로잡혔다. 일반 어른들 대부분 손사래를 치는 헐렁한 티셔츠에 가랑이가 축 처진 바지가 그렇게나 입고 싶어진 것이다.

유행도 중요하지만 자기 체형과 상극인 패션은 과감히 무시하는 안목이 있어야 한다는 충고는 불행하게도 아무 소용이 없었다. 몸이 두 개 들어가고도 남을 정도의 큰 셔츠에 짧은 다리 길이를 절반으로 보이게 하는 바지를 구해 입고 그저 좋다고 다니는 아들을 볼 때마다 어디서 멍석이라도 구해 와 밤에 돌돌 말아 갖다 버리고 싶은 마음이 굴뚝같았다.

힙합에는 패션 소품도 아주 중요했다. 래퍼들이 쓰고 다니는 모자도 써줘야 구색이 맞는다고 한다. 방 청소를 하다가 경은이 모자를 발견했는데, 모자챙에 번쩍번쩍한 스티커가 붙어 있는 걸 발견했다. 도대체 왜 스티커가 모자에 붙어 있나 싶어 떼어놨더니 한바탕 난리가 났다. 그 모자의 생명은 바로 스티커란다. 경은이는 아무것도 모르고 스티커를 떼어버린 엄마의 무식한 행동에 분노했고, 아무리 다시 붙이려 노력해도 소용이 없는 스티커를 손에 쥐고 눈물을 뚝뚝 흘렸다. 도대체 내가 뭘 그렇게 잘못한 걸까? 나는 물건을 사면 거기 붙어 있는 스티커부터 떼내는데 말이다.

온몸에 열이 뻗치는 나의 사랑스런 아들은 한겨울에도 맨발에 슬리퍼 신고 다니는 것을 당연하게 여긴다. 헐렁한 추리닝 바지를 입고 맨발에 슬리퍼를 질질 끌고 다니는 모습은 정말 아무리 노력해도 좋게 봐줄 수가 없었다. 큰아이의 이런 백수 패션은 우리 부부와 일가친척의 잔소리에도 전혀 기가 꺾일 줄 몰랐고, 결국 아들의 고정 패션이 되고 말았다.

하는 수 없이 백배 양보하여 한계선을 정했다.

"너 혼자 있거나 집에 있거나 친구를 만날 때는 무슨 옷을 입든지 상관하지 않겠다. 단, 어른들이 계시는 자리에 가거나 가족과 함께 밖에서 식사를 하는 경우에는 추리닝 바지, 맨발에 슬리퍼는 안 된다. 그런 차림을 고집하면 너는 참석할 수 없다."

나 혼자만 서릿발 같은 경고를 말했을 뿐 아이는 크게 신경 쓰지 않는 눈치였다. 엄마가 권하는 스타일은 무조건 싫다고 하면서 내 입에서 '단정' '깔끔'이라는 단어가 나올 때마다 몸에 소름이 돋는다고 한다.

누워 있는 아기라면 내 마음대로 입혔다 벗기기라도 하겠건만 이제 나보다 큰 아들에게 내 취향을 아무리 강요한들 참깨 한 알 비집고 들어갈 틈이 없다.

체형의 단점을 있는 대로 부각시키는 패션을 그렇게도 고집하더니 요즘은 조금씩 달라지고 있다. 여태까지 입고 다녔던 옷들이 얼마나 자신에게 어울리지 않는지 알게 되었다고 한다. 헐렁한 웃옷 대신 흰 셔츠 위에 카디건을 입고 나간다. 훗날, 경은이가 어른이 되어 머리에서 발끝까지 힙합 패션으로 휘감고 다녔던 시절의 사진을 보면 어떤 느낌이 들지 궁금하다.

7. 우리는 초딩이 아니라 고딩이다

규칙은 최소한의 질서를 유지하기 위한 건데 학교에서는 머리에서 발끝까지, 아침 등교부터 하교까지 학생들을 규칙이라는 명목 아래 들볶기에 여념이 없다.

지각하는 학생을 모아놓고 벌을 주는 건 이해한다. 그런데 머리를 짧게 자르라는 이유는 알 수가 없다. 요즘 같은 세상에 머리 길이가 왜 문제가 되어야 하는 건지 변화를 거부하는 우리나라 학교의 완강함은 정말 기네스북감이다.

깨끗한 교복을 입고 머리를 짧게 자르고 열심히 공부하는 학생! 누구 좋으라고? 머리가 짧아야만 공부 잘한다고 누가 증명이라도 했나?

 필요 없는 곳에 선생님과 우리의 에너지가 낭비되는 이 상황에서 벗어나고픈 간절함이 학교를 계속 싫어하게 만든다.

원하지 않는 규칙을 거부하고 싶은 게 내 바람이기도 하지만 가끔은 일방적이기만 한 선생님을 화나게 하기 위해 일부러 말썽을 피우기도 한다. 선생님 앞에서 건들거리고 반항해서 어디까지 참아내나 시험도 해보고, 선생님이 화를 내도록 무조건 반대로 말하고 행동하기도 한다.

하지만 때로는 이런 갈등이 무슨 소용인가, 누구를 위한 건가 하는 회의가 든다(14회기).

학교가 싫은 또 다른 이유는 바로, 급식!

돌도 갈아 먹는다는 이 시기에 밥 좀 넉넉히 먹고 싶어도 배식은 단 한 번. 온리 원! 공짜로 주는 것도 아니면서 정말 치사하다. 양도 문제지만 식단에 나온 이름과는 딴판인 음식을 목격할 때의 그 황당함.

조금 주려면 맛이라도 있던가 아니면 양으로 승부하던가. 이도 저도 아니다. 돼지고기 볶음에는 돼지고기 대신 양파와 뻘건 양념만 있고 부대찌개에서는 건더기를 찾아볼 수가 없다. 얄팍한 소시지 하나 건지면 그날은 대박이다. 급식 회사가 바뀌어도 반짝 며칠이고 금방 제자리다. 며칠간은 양도 넉넉하고 맛도 좋아서 이번에는 사람대접을 받나 기대하지만 역시나 원래대로 돌아온다.

중학교 때는 교실에서 배식을 했기 때문에 덜 복잡했다. 그런데 고등학생이 되니 급식실로 이동해야 했다. 맛도 없는 급식을 먹기 위해 아우성치는 급식실 앞에 줄을 서 있다 보면 내가 안쓰럽고 불쌍해질 때도 있다. '먹고살기 위해' 라는 문구가 얼마나 사람의 마음을 비참하게 만드는지 모른다. 조금 더 먹고 싶어서 다 먹은 배식 판을 들고 갔다가 거절당할 때의 민망함이란! 그래서 어떤 달에는 급식을 찾아 먹은 날이 3분의 1도 안 된다. 대신 매점에서 파는 햄버거나 빵으로 허기를 채운다.

가끔 뉴스에서 학교 매점 햄버거 재료가 어쩌니 저쩌니 말이 많지만 쥐똥만큼 주는 이상한 맛 급식보다는 훨씬 낫다.

고3이 되고 다시 바뀐 학교 급식은 꽤나 마음에 든다. 일단 맛이 합격

점이다. 두어 달이 지나도 처음 수준을 유지하고 있다. 게다가 3학년은 제일 먼저 배식을 받기 때문에 소란스러운 분위기가 덜하다. 이제 좀 사람답게 밥을 먹게 되었다. 그런데 왜 그 전에는 이런 급식이 안 됐는지 궁금하고 열 받는다.

2학년 겨울방학부터 초봄까지, 교육계 비리에 대한 뉴스가 계속 나왔다. 장학관 출신의 현직 교장이 뇌물을 받고 자격이 안 되는 선생들을 승진시켰다는데 그 수가 스무 명이 넘는다고 한다. 뉴스 속의 교장이 바로 우리 학교 교장이었다. 작년 9월에 부임했는데 반년 만에 교장에서 죄인이 되어버렸다.

뇌물 받아 챙기고 뇌물 준 사람들 억지로 승진시키는 데 집중하느라 비록 반년이지만 그동안 우리에게 무슨 신경을 썼을까. 쓴웃음만 나오고 괜히 창피해진다. 어차피 뺑뺑이 추첨으로 정해진 학교인 데다 그동안 딱히 학교를 사랑하는 마음으로 다닌 것도 아니지만 하필 그 많고 많은 학교 중에서 내가 다니는 학교의 교장이 비리의 핵심 인물이라니 정말 어이가 없다.

학교 홈페이지를 보니 학사 일정도 아직 작년 그대로인데 학교장 인사말 화면만 새롭게 바뀌었다. 제발 이번 교장 선생님은 학교에 몰두하는 분이었으면 하는 바람이다.

새 학년 첫날, 전 학년 학생을 운동장에 모아놓고 아침 조회를 했다. 새로 부임하신 교장 선생님은 아주 뻔뻔한 인사말을 했다.

"앞서 우리 학교를 이끄셨던 교장 선생님의 교육 철학을 이어받아 학교를 더욱 발전시키겠다."

우리는 킥킥 웃으며 웅성거릴 수밖에.

"뭔 철학? 뇌물 철학?"

우리는 초딩이 아니라 고딩이다. 쉬쉬하면서 감추기보다는 차라리 지난 번 교장과 관련된 일을 간단하게라도 솔직히 밝히고, 학교가 발전할 수 있는 방향을 구체적으로 말해주는 편이 훨씬 바람직하다. 우리는 학교와 교장의 문제를 구분 못하는 어린애가 아니다. 또 모든 선생님이 그 교장과 한통속일 거라고 넘겨짚을 만큼 어리석지도 않다.

　고3 담임선생님은 경은이의 성향을 '규범형'이라고 말씀하셨다. 규칙을 잘 지켜서 규범형이 아니라 자기 스스로 몇 가지 규칙을 정해놓고 그것만 지키면 된다고 생각하는 유형이라는 것이다. 이런 아이들은 외부의 규칙을 강요받게 되면 일단 거부나 반항을 하고 억지로 지켜야 할 상황에서는 다른 학생에 비해 몇 배나 더 스트레스를 받는다고 하니, 우리나라 같은 사회 분위기에서는 몹시도 힘든 기질일 수밖에 없다.

　학교 급식을 잘 챙겨 먹지 않고 대강 허기만 채운다는 이야기를 듣고 너무 걱정이 되었다.

　"경은아, 니 말을 들으니 걱정이 된다. 엄마도 몸이 아프거나 어쩌다 밥하기 싫은 꾀가 나서 사 먹이는 경우가 있지만 그렇게 밖에서 자주 사 먹는지 몰랐어. 학원에 가는 날이 많으니 어쩔 수 없이 식사를 밖에서 해결해야 하는 경우가 늘어나는데 학교 급식도 안 먹고 대강 빵 조각이나 사 먹는다니 어떻게 하면 좋니. 지금이야 별 문제가 없겠지만 이다음에 엄마가 이 세상에 없거나 있더라도 너희를 돌봐줄 힘이 없을 때 지금 먹은 음식들이 원인이 되어 나쁜 병에 걸릴까 봐 진짜 겁이 난다. 지금 암 환자들이 한두 달 이상한 음식 먹어서 병에 걸린 게 아니거든. 오랜 시간 동안 질 나쁜 식사를 하고 스트레스에 힘들어하다 보니 자기도 모르는 사이에 그런 상황이 된 거지. 그러면 절대 안 되겠지만 지금부터 몸을 함부로 대한다면 장담할 수 없어. 건강은 오랫동안 자기에게 공들여야 보장받는 거야."

가급적 몸에 해롭지 않은 식사를 해야 한다고 진심으로 걱정하는데 경은이의 반응은 전혀 다른 방향으로 흘렀다.

"이 세상에 엄마가 없다는 얘긴 하지도 마. 다른 얘기 해."

고깃국을 좋아하는 아이들의 입맛을 위해 가끔 우거지 된장국을 끓인다. 미리 진한 사골 육수를 내야 하고 우거지도 삶아 무쳐놔야 한다. 밥 한 공기 꾹꾹 말아서 먹기는 편해도 만드는 데 시간이 꽤 걸리는 음식이다. 날씨가 쌀쌀해지면 더욱 환영받는 음식인데 언제부턴가 경은이가 불평을 했다.

"엄마, 국에서 된장 냄새가 너무 나."

된장국이니 당연히 된장 냄새가 나지. 이제 된장 냄새가 싫어졌다며 한 숟가락 먹고 구시렁, 두 숟가락 먹고 구시렁댔다. 외할머니 곰국은 된장 냄새가 안 나니 다시 가서 배워 오라고 사뭇 명령조였다. 된장도 메이드 바이 외가댁, 우거지도 외가 앞뜰에서 키워 만든 건데 도대체 뭐가 다르다는 건지 알 수가 없었다.

맛만 좋구만. 맘에 안 들면 먹지 말라고 해도 엄마의 노고를 생각해서 먹을 거라며 병 주고 약 주고 앉아 있다.

그러더니 어느 날, 부쩍 음식 불평을 하게 된 원인을 경은이 스스로 찾아냈다. 아무래도 밖에서 사 먹는 끼니가 많아지다 보니 식당 음식에 들어가는 넉넉한 조미료 맛에 은연중 익숙해졌음을 알았다고 한다. 엄마 솜씨는 달라진 게 없는데 자기 입맛이 변한 거라며 땡중도 튼 소리 하듯 자못 진지한 분석과 결론을 냈다. 그 모습을 보니 나는 마냥 기분이 좋아졌다. 일단 내가 만든 음식의 가치를 알아주는 게 고마울 뿐 아니라, 문제가 생기면 남 탓 환경 탓 하며 손가락질하지 않고 좀 더 객관적으로 접근하려는 성숙한 자세가 고맙기만 했다.

교육 비리에 관한 뉴스를 사실로 확인하고 나서 경은이가 어떻게 나올지 가장 걱정스러웠다. 머리에서 발끝까지 비판 의식으로 탱천해 있는 시기인 데다 정이 안 가는 학교라고 틈만 나면 불만을 터뜨리곤 했는데 이 상황에서는 어떤 말로도 학교와 선생님을 변호할 수 없었다. 아니나 다를까 경은이의 비판 의식이 발동됐다.

"학교에 앉아서 그런 모범이나 보이고 있으니 거기가 어떻게 좋은 학교가 되겠냐구. 신뢰? 좋아하시네."

이 말을 신호탄으로 학교, 선생님, 공교육, 우리나라 교육 현실에 대한 비판까지 그동안 느꼈던 답답함을 그대로 펼쳐 보였다.

"사람이 살다 보면 자기 의지와는 상관없이 부딪치는 상황을 보통 재수라고 하잖니. 재수 좋다 없다 그런 거. 평생 재수가 좋기만 한 사람도 없고 지지리 재수가 옴 붙기만 한 인생도 없어. 네가 겪은 재수 없는 상황 중 하나가 그 고등학교에 배정받은 거라고 생각해. 재수 없는 일은 네 인생에서 이번이 마지막일 거야."

"나는 그 학교 간 게 재수 없다고 생각은 안 해요. 물론 이런 뉴스가 기분 좋지는 않지만 나랑 별로 상관없는 일이고 신경도 안 쓰여요. 만약 중학교 친구들 대부분이 배정받은 가까운 학교에 다녔다면 지금처럼 공부에 집중 못했을 가능성이 커요. 내 성격에 친구들이랑 어울려서 놀러 다녔을 것 같애. 이게 아니다 싶으면서도 거절 못하고 끼어 놀 확률이 아주 높아요. 고등학교 처음 가서는 친구가 없어 외로웠고 학교에도 별 흥미를 못 느꼈지만 그래서 공부에 관심을 갖고 열심히 해보겠다고 결심한 거야. 그러니까 오히려 다행이지 뭐."

인생살이 새옹지마의 진리를 벌써 체득했다니…. 이 사건은 한동안 아들과의 대화거리를 많이 제공했다. 조직에 어떤 지도자가 오느냐에 따라 그 조직의 성패가 갈리는 상황을 잘 보여준 사례였다. 지도자의 자질은 매우 중요하다.

교장 선생님은 학생 개개인과 관련이 없어 보이지만 그 사람의 가치관과 태도에 따라 학생들에게 미치는 결과는 아주 크다. 학생을 직접 지도하는 선생님들을 관리하고 교육 방향을 설정하는 역할을 제대로 해내지 못하면 그 피해는 조직 전체가 입는다. 작년에 엉망이었던 대학 합격률이 명백한 증거다. 지도자를 선택할 수 있는 경우에는 더욱 심사숙고해야 한다. 누구를 뽑는가는 구성원의 수준을 그대로 보여준다는 걸 새삼스레 깨달았다.

8. 공부를 잘하고 싶다

솔직히 말하면 부모님뿐만 아니라 주위 사람에게도 공부 잘하는 학생이라고 평가받고 싶은 마음이 굴뚝같다. 학교에서도 공부 잘하는 애들은 선생님이 별로 간섭을 하지 않는다는 걸 잘 알고 있다(7회기). 말로는 누구에게나 공평하다고 하지만 실제로 그 말을 100퍼센트 믿는 사람은 거의 없다.

그렇다고는 해도 내 손에 받아 든 성적표의 내용은 전혀 자랑스럽지 않다. 아빠는 성적표에 그런 숫자가 있을 수 있다는 게 신기하다고 했다. 초등학교 때는 주로 집에서 엄마가 사 오신 문제집을 풀면서 공부하다가 6학년이 되면서 수학 학원에 다녔다. 수학 학원 선생님은 내가 수학을 잘한다고 칭찬해주셨다. 그런데 학원 시험이나 중학교에 입학한 후의 시험 결과는 그저 그렇다. 서술형 문제의 답을 꼼꼼하게 쓰지 않아서 감점당하는 경우가 많다.

중학교 1학년 1학기 중간고사가 끝나니 아빠가 영어를 가르치겠다고 하셨다. 일주일에 네다섯 번, 저녁 시간에 아빠와 영어 공부를 했다. 30년 전에 공부했던 《성문 종합영어》 예문을 아직도 기억하는 대단한 아빠! 아빠가 하라는 대로만 하면 영어 100점은 따놓은 당상이라고 큰소리를 치셨다.

하지만 아빠가 잘 가르치느냐 아니냐는 큰 문제가 아니었다. 내가 아빠와 공부하기가 싫었다. 외우라는 단어를 다 외워놓지 못하면 집중력이 바닥이다, 머리 속에 뭐가 들었냐, 이래 가지고서 이담에 뭘 먹고사냐, 한심하다… 이런 비난들을 시도 때도 없이 들어야만 했다. 수업 시간뿐만 아니라 텔레비전 볼 때, 밥 먹을 때 등등 아무튼 눈에만 띄면 갈궜다. 아주 잠시라도 내가 노는 꼴을 못 본다. 영어가 중요하다는 건 잘 안다. 하지만 아빠 덕분에 점점 더 영어가 싫어졌다.

결국 몇 달 안 지나 아빠는 가르치는 대로 안 하고 속만 터지게 하는 나한테 손을 떼셨고 혼자서 갈팡질팡하다 2학년 여름방학부터 과외를 받게 되었다. 과외를 해보니 아빠가 가르쳤던 방식과 별로 다르지 않았다. 그렇지만 마음의 부담은 훨씬 줄어들었다. 단어를 잘 못 외우면 선생님께 혼은 났지만 내가 쓰레기 같은 인간이란 생각은 들지 않았다.

3학년이 되니 공부를 잘하고 싶은 마음이 자꾸 커진다(12회기 이후). 시험이 가까워오면 마음이 불안해져서 경준이에게 컴퓨터도 켜지 말라고 경고한다. 학교 수업 시간에는 힘들지만 졸지 않고 집중하려고 노력했다. 집에 와서는 책상 앞에 시험 계획표를 붙여놓고 의자에 앉아 있는 시간을 늘려갔다.

3학년 1학기 중간고사 성적표를 받고 엄마와 이모들에게 자랑을 했다. 아빠는 흘끗 성적표를 보고 나서 아무 말씀도 안 하셨다. 그 성적으로는 턱도 없다는 표정이었다.

그런데 이상하게 공부를 할수록 더 불안해지고 머리가 아프다. 으슬으슬 추운 게 감기 기운도 있고 소화가 안 되어 더부룩한 느낌이다. 시험이 가까워지면 식중독에 걸려 온몸에 발진이 생기기도 한다.

공부는 평소에도 꾸준히 해야 한다는 걸 알게 됐다. 열심히 공부해서 난 아빠랑 경쟁할 수 있는 능력 있는 사람이 되고 말 거다. 유능한 경영인이 되어 아빠가 시작한 사업의 규모를 확장해놓고 보란 듯이 아빠의 코를 납작하게 만들 생각이다.

그래서 기말고사는 한 달 전부터 계획을 세웠다(19회기). 운동으로 복싱도 열심히 하고 학원도 빼먹지 않는다. 학교에서도 틈만 생기면 학원 숙제를 한다.

 나는 앞으로 필요하다고 생각되는 과목 중심으로 공부하는데 엄마는 그 외의 과목도 어느 정도는 진도를 따라가야 한다고 강요한다. 정말 미쳐버리겠다. 기말고사 결과는 당연히 과목별로 차이가 컸다. 엄마는 잘 나온 성적은 칭찬하지 않고 심한 편차만 문제 삼았다. 아빠의 반응은 여전히 싸늘했다. 내 공부를 내 방식으로 하겠다는데 방해물이 너무 많다. 이제 엄마에게도 성적표를 보여주지 말아야겠다(30회기).

아빠는 많이 양보해서 최소한 전체 10퍼센트 안에 들어야 하는 거 아니냐고 하신다. 그럼 나머지 90퍼센트 학생들은 뭐란 말이지? 밉상? 붕신? 있으나 마나한 사람? 아니면 사람도 아닌가?

공부 잘하는 친구들에게 어느 학원에 다니는지 물어보았다. 치사하게 자세히 안 가르쳐주는 애들도 있다. 쳇, 혼자 잘 먹고 잘 살아라. 1학년 첫 시험에서 전교 1등을 했던 친구가 다닌다는 종합 학원에 다니기로 했다.

매우 세심하고 재능 있는 소년들은 좀 더 어려움을 겪습니다.

어려움을 가장 많이 겪는 것은 특별한 재능이 있지만

앞길이 불투명한 소년들입니다.

그러나 모든 인생은 하나의 모험입니다.

그리고 개인적 재능과 충동, 사회적 요구 사이에서

언제나 새롭게 균형을 찾아야 합니다.

희생 없이, 실수 없이 이루어지는 것은 결코 없습니다.

－헤르만 헤세

엄마와 함께 가서 상담과 테스트를 받은 다음 반을 배정받았다. 학교 끝나자마자 셔틀버스 타고 가서 밤늦게 집에 왔다. 영어 단어를 다 못 외웠거나 부족한 부분이 있으면 새벽 1시까지 해야 했다. 첫 달에 교재비만 몇십만 원이 들었는데 이 많은 책을 다 공부하는 게 가능한지 모르겠다고 엄마는 갸우뚱했다.

여름방학에는 아침 8시부터 저녁때까지 학원에서 공부하는 게 내 일상이다. 아침에 엄마가 싸주신 도시락을 챙겨 가서 점심때 먹는 재미가 쏠쏠하다. 학원에 가기 싫은 날은 도시락 먹을 생각으로 가기도 했다. 수학은 어느 정도 따라가겠는데 영어가 너무 어렵다.

엄마에게 솔직히 말했다.

"엄마, 영어 책이 너무 어려워. 그동안 단어를 덜 외어서 그런가 생각도 했는데 답안지를 봐도 무슨 뜻인지 모르겠어. 문제가 좀 심각해."

엄마는 학원에 전화를 걸어 이것저것 물어보더니 그 학원에는 그만 다니는 게 좋겠다고 했다. 외고를 준비하는 애들을 위해 짜놓은 교과과정이어서 내게는 힘에 부치니 빨리 정리하는 게 낫다고 하셨다. 학생 수준보다는 학원 이미지만 중요하게 여겨 내게는 오히려 시간 낭비라는 것이다. 처음에 샀던 교재는 반도 못 배웠는데 쓸모없어져서 너무 아까웠다. 그렇지만 그간 학교를 두 개 다니는 느낌이 들어서 힘든 게 사실이었다. 불안한 마음에 억지로 학원에 다닌 거였는데 엄마가 확실하게 결단을 내려줘서 엄청 속 시원했다.

늦가을이 되자 특목고 지원 학생들이 원서를 내기 시작했다. 나는 학교 공부 따라가기도 벅찼기 때문에 특목고 공부는 엄두도 못 냈다. 부모님도

'특목고에 가면 좋겠다'라든가 '무슨 방법을 써서라도 특목고에 가야 한다'라는 압박감을 주지 않았기에 나 역시 계획조차 없었다.

그런데 몇몇 친구들이 원서 내는 모습을 보면서 갑자기 시험이라도 봐야겠다는 생각이 들었다. 집에 가서 다짜고짜 외고 입학시험을 보기로 했으니 원서를 내겠다고 엄마를 졸랐다. 엄마는 조금 당황한 표정이었지만 시험 보는 게 뭐 어렵겠냐고 하셨다.

시험 결과는 예상대로 불합격이었다. 그런데 불합격 통지 문자 메시지를 받는 순간 기분이 아주 나빴다. 준비를 안 하고 시험을 봤으니 떨어진 게 당연한 데도 더러운 기분을 한참이나 떨쳐버리기 어려웠다. 내가 요행을 바랐던 걸까? 나는 특별한 사람이니 시험 준비와 관계없이 합격할 수 있다는 미친 믿음이 있었나?

그동안 공부를 안 한 게 너무 후회됐다. 외고에 합격한 애들을 보니 진짜 부러웠다. 걔네들이 밤낮으로 공부할 동안 도대체 나는 뭘 하고 있었던 거지? 한심하다, 전경은!

성질이 나서 엄마한테 소리쳤다.

"왜 나한테 공부 열심히 하라고 안 했어? 내가 공부 안 하고 뺀질거리면 쥐어 패서라도 하게 했어야지. 그게 엄마 할 일 아냐?"

물론 말도 안 되는 어거지라는 걸 잘 안다(35회기). 내가 때린다고 순순히 공부할 놈인가. 엄마는 그냥 기가 막힌 얼굴로 나를 쳐다볼 뿐이었다. 한참 후에 저녁을 먹으면서 엄마는 공염불 같은 소리만 지껄였다.

"만약 네가 합격했다면 그동안 코피 흘려가며 공부하고도 떨어진 애들이 얼마나 억울하겠니. 당연한 결과니 받아들여. 사람이 살다 보면 셀 수도 없이 후회를 하게 된단다. 후회를 가급적 조금만 하게 열심히 노력하고 그래서 앞으로 똑같은 후회를 반복하지 않는다면 너는 무척 성공한 삶을 사는 거야."

질투심과 후회 때문에 짜증 나 돌아가시겠는데 어디서 도덕 교과서 같은 소리만 해대는 건지 원.

근데 엄마는 나같이 싸가지없는 아들 낳은 걸 후회하려나?

지난 일을 자꾸 되돌아보는 건 낭비다. 고등학교 진학을 앞둔 겨울방학에는 진짜로 공부에 올인하겠다고 결심했다. 고등학생이 된다는 생각만 하면 공부에 대한 스트레스 지수가 마구 올라간다.

엄마에게 고등학교 때는 잘하겠다고 약속했다. 수학 학원 선생님은 내가 하려고만 하면 어떤 목표도 성취할 수 있는 능력이 있다고 힘을 주시는데 아빠와 비슷한 성격의 영어 선생님과 아빠는 지금처럼 하면 내가 원하는 수준은 되기 어렵다고만 한다. 완전 김빠지는 소리들이다. 과연 나를 제대로 알고 있는 사람은 어느 쪽일까. 나의 능력은 어디까지일까?(35회기) 엄마는 다 같은 말이라고 하지만 나는 그렇게 생각하지 않는다.

일주일에 사나흘은 수학 학원에서 공부를 한다. 수업이 끝나면 빈 강의실에서 혼자 문제를 풀고 정리하는 데 대략 여섯 시간이 걸린다. 그동안의 내 공부 습관을 볼 때 놀라운 집중력이다. 이렇게 공부할 수 있었던 사람인데 여태까지 이리저리 휩쓸려 다니며 대강대강 지내왔던 지난 시간이 너무너무 후회된다(39회기).

그러나 이런 마음도 잠시, 집중이 잘된 주는 마음이 편안한데 그렇지 않으면 걱정이 산더미처럼 커지고 자꾸 랩 생각이 난다.

 랩은 듣기만 하고 가사를 끼적거리는 데 시간을 소모하지 않겠다고 약속했다. 가급적 길에서 버리는 시간이 없도록 학원 시간을 짜고 자습 시간을 넉넉히 잡았다.

고등학교 1, 2학년

3월 모의고사에 이어, 1학기 중간고사 성적이 나왔다.

내가 노력한 만큼만 나와준다면 기세를 더 높여 열심히 할 자신이 있는데 성적은 그렇게 호락호락 올라주지 않았다. 이렇게 해도 안 되는 공부라면 일찌감치 포기하고 다른 길을 찾는 편이 낫지 않을까? 자꾸 갈등이 되고 불안해진다. 잠을 충분히 못 자는 데다 의욕이 줄어드니 자꾸 지친다.

만족할 만한 성적이 나오지 않아 내가 불안해하면 엄마는 따뜻하게 위로해주신다.

"성적이 그렇게 쉽게 오르는 게 아니라고 여러 번 말했지? 상위권에 자리 잡고 있는 우수한 애들 틈바구니를 비집고 들어가야 하는데 쉽게 네 자리를 내줄 리가 없어. 이럴 줄 알고 미리 이야기한 건데 다 까먹었구나. 엄마는 너 믿어. 이렇게 열심히 하는 사람이 공부를 못하면 누가 잘하겠니. 시간 넉넉하니 초조해하지 마. 아빠도 많이 편해지셨잖아. 누구 눈치 볼 필요 없이 너만 생각하면 돼."

기운은 빠져도 시험 결과를 받아 들 때 많이 여유가

생겼다. 엄마나 아빠에게 야단맞을 걱정은 할 필요가 없기 때문이다(50회기).

성적이 마음대로 올라가지 않고, 시간은 점점 더 빨리 지나가는 듯한 느낌이고, 이상하게 잠은 자꾸 쏟아진다. 정신을 차릴 수 없을 정도로 잠이 오니 잠을 자더라도 마음은 가시방석이다. 긴장하고 있어서 자도 자는 게 아니다. 안 자려고 아무리 노력해도 왜 이렇게 잠이 쏟아지는 걸까?

아빠는 내가 너무 학원에 의존하기 때문에 노력을 해도 성적이 안 오를 수 있다고 여름방학 동안은 혼자 공부해보라고 했다. 학원비나 과외비가 아까워서 그러는 게 아니라는 것 잘 안다. 그리고 무조건 내 방법만을 고집하는 게 장땡은 아니라는 생각도 들어 불안하기는 해도 아직 시간 있을 때 다른 방법을 써보기로 했다. 아빠의 의견을 받아들이기로 한 것이다.

집에서 공부를 하면 끼니마다 뭐 먹을지 고민하지 않아도 되고 우리 집은 조용한 편이기 때문에 집중에도 큰 문제는 없다. 다만 내가 졸릴 때 참지 않고 자버린다는 단점이 있어 일단 '낮잠 자지 않기'를 첫 번째 목표로 정했다.

첫날의 다짐처럼 계속 혼자 해내기가 쉽지는 않다. 러시아 바이칼 호수에 여행을 다녀오고는 더더욱 공부가 손에 잡히지 않는다. 한 달 동안 혼자 해보고 다시 학원에 다니겠다고 했다. 다만 모든 과목을 수강하는 것이 아니라 혼자 할 수 있는 건 자습실에서 공부하는 방향으로 정했다. 아무래도 안락한 내 방에서는 최고의 집중력이 발휘되지 않기 때문이다.

그동안 매우 편하게 잘 지냈지만 한 달간 내가 여유 부릴 때 다른 애들이 쑥쑥 발전했다고 생각하면 마냥 좋을 수만은 없다. 내가 필요한 과목과 시간을 스스로 선택해서 열심히 다니겠다. 학원이 아니면 안 된다는 불안 감은 떨쳐버리고 혼자 공부하다가 어려운 부분에서만 도움을 받겠다. 잘 되리라 믿는다.

성적은 들쭉날쭉해서 나를 기분 좋게 했다가도 의욕 상실 상태로 밀어 넣기도 했다. 그래도 난 계속 열심히 해야 한다고 다잡고 다시 시작했다. 좋은 점수는 노력해야만 얻을 수 있는 결과였다. 계속 열심히 해서 더 큰 성취감을 느끼고 싶다.

수학 학원 선생님은 내 공부하는 자세를 보면 목표하는 대학에 갈 수 있 다고 힘을 주셨다. 이런 인정과 격려가 작은 실패 앞에서도 쉽게 포기하지 않게 한다.

고2 가을 모의고사를 보고 많은 자신감을 얻었다.

우리 반에 수학 1등을 맡아놓고 하는 녀석이 있는데 나는 아무리 열심히 해도 걔를 넘어설 수는 없을 것 같아 2등을 목표로 정했다. 그런데 11월 모 의고사 수학 성적은 오히려 내가 그 녀석보다 훨씬 높았다. 감히 비교할 수도 없는 점수를 받고 내 노력이 드디어 결과로 나타난다고 생각하니 너 무너무 기뻤다. 어깨에 저절로 힘이 들어갔다.

목표하는 대학과 학과는 조금씩 변하겠지만 좀 더 구체적으로 정해놓 았다.

고3을 앞둔 겨울방학에 엄마에게 몇 가지 부탁을 했다.

아들이 입시생이라고 긴장해서 이 학원 저 학원 기웃거리지 않기. 여기저기에서 엄친아의 공부 정보 주워 오지 않기. 동네에 있는 절, 교회, 성당 순회하며 기도하지 않기. 이것도 모자라 전국에 효험 있다는 종교 성지 찾아다니며 수험생 기 팍팍 올리려 기도하기(이건 정말 절대 사절이다).

다른 곳에 정성 쏟아부으러 다니다가 몸살 나서 누워 있는 것보다는 내가 먹고 싶은 음식 맛있게 해서 한 상 차려주는 게 훨씬 도움이 된다는 사실. 한마디로 말하면 '나를 믿고 바라봐 주기'로 요약되는 내용이었다. 엄마는 내가 걱정하는 일은 하고 싶은 마음도 없고 할 생각도 없었으니 걱정 말라고 했다. 엄마의 마음이 시험 날짜가 다가와도 흔들림이 없기를 바랄 뿐이다.

공부를 한다는 게 어떻게 보면 맹목적으로 된 것 같다. 공부하기 좋으냐 싫으냐 이런 감정은 이미 사라지고 그냥 습관적으로 한다. 엄마는 '공부=학습'이고 바로 '습習'이 되는 단계가 되어야 한다고 말했는데 지금이 바로 그 상태인가? 이러다가 비판 정신 없는 공부 기계가 되는 건 아닌지 겁도 난다. 이런 생각을 말하자 엄마는 또 조용히 말씀해주셨다.

"괜한 걱정 하지 않아도 될 것 같은데. 지금까지 너의 생각은 건강한 비판이라기보다는 불편한 상황에 대한 불평이라고 하는 게 더 정확할 것 같아. 건강한 지식을 차곡차곡 쌓다 보면 날 선 비판에서 끝나지 않고 훌륭한 대안까지 마련할 수 있는 지성인이 될 거야. 지금은 열심히 준비하는 과정 중에 있다고 보면 돼."

엄마의 말이 명확한 그림으로 떠오르지는 않았지만 공부에 대해 별다른 이의를 달지 않는 지금, 마음이 편안하고 좋다.

일요일 아침, 오래 자고 싶은데 저절로 눈이 떠졌다. 달아난 아침잠이 너무 아까워 속상해하다가 어슬렁거리고 거실로 나가 소파에 누워 텔레비전을 틀었다. 소리를 작게 했는데도 안방까지 들렸는지 잠시 후에 엄마가 나오셨다.

"엄마, 나 어젯밤 12시 30분부터 자기 시작해서 오늘 아침 7시 30분에 일어났어. 아침형 인간이 돼버린 것 같은데 어떡하지?"

"아침형이 되어서 원통하다는 얼굴인데 뭐가 맘에 안 드는 거야?"

"아침형은 뭔가 성실해 보이고 건전한 사람 같잖아. 놀 줄도 모르는 분위기이고. 난 밤새고 진창 놀 수 있는 올빼미이고 싶단 말야."

"그동안 내내 올빼미로 살았는데 아직도 부족한가 보네. 한낮의 밝은 햇빛 속에 있는 걸 피하고 싶은 일탈자의 마음이군. 하지만 놀 만한 것들이 꼭 밤에만 있는 건 아냐. 물론 니가 생각하는 흥청망청한 분위기는 밤에 찾기가 수월하지만 오히려 사람들이 많이 활동하는 낮에 놀거리는 더 많지 않을까?"

"낮에 노는 거 뭐? 운동?"

"솔직히 말하면 엄마도 놀 줄 아는 사람이 아니라서 잘 모르지만 이 세상에는 재미있으면서도 건전한 놀거리가 많을 거야. 단, 뭔가를 성취하기 위해서 계획하고 발전하려고 노력하는 건 노는 게 아니라고 생각해. 노는 건 그냥 자기 위치를 잊고 즐기는 게 아닐까? 니가 그런 걸 찾았으면 좋겠다. 밤에 하는 것이든 낮에 하는 것이든.”

고3이 되니 그동안의 시간이 꿈만 같다. 중2가 된 경준이를 보면 그때부터 지금까지의 시간이 꿈 한번 꾸고 난 듯 재빨리 지나버린 느낌이다.

누구나 마찬가지겠지만 3학년이 되면서 나 역시 더욱더 정신을 똑바로 차리고 공부해야겠다고 다짐했다. 교실에서 자리를 정하는데 담임선생님이 학급 번호 순대로 앉으라고 했다. ‘전’씨인 나는 뒷줄에 앉을 수밖에 없는 상황이었다. 뒤쪽은 아무래도 산만하고 시끄러워서 수업에 집중하기 어렵다는 것을 잘 알기 때문에 용기를 내어 말했다.

“선생님, 저는 앞에 앉고 싶어요!”

선생님이 내 뜻을 흔쾌히 받아주셔서 혹시 뒷자리를 원하는 친구가 있으면 바꿔주겠다고 했다. 역시 뒷자리를 좋아하는 애가 금방 나타났고 나는 출입문 바로 옆이기는 해도 앞줄에 앉게 되었다. 이제는 선생님들을 나만의 선생님처럼 생각하며 수업에 집중해야겠다.

고3 3월 모의고사의 중요성에 대해서는 익히 들어 알고 있었다. 그리고 겨울방학 동안 열심히 공부했다고 자신했기 때문에 시험을 앞두고 잘 봐야겠다는 의욕이 넘쳤다. 그러나 시험 결과는 개쓰레기였다. 너무도 낙담해서 집으로 가는 발걸음이 천근만근이었다. 집에서 나를 기다리는 엄마 아빠도 결과를 들으면 속상해하실 게 분명했다. 피하고만 싶은 집에 도착했다. 기어들어 가는 목소리로 예상 점수와 등급을 말했다. 아빠는 아무 말씀도 하지 않으셨고, 엄마는 내 등을 토닥토닥 두드리며 애써 위로해주셨다.

"수고 많이 했어. 시험은 잘 볼 때도 있고 못 볼 때도 있는 거야. 다행히 이번 시험은 모의고사잖아. 실전이 아닌 모의! 진짜를 위한 준비니까 이번에 부족한 점을 찾아내서 보완하면 되는 거야."

나는 너무 속이 상해서 저녁도 먹지 않고 방에 들어가 시험지만 검토했다. 얼마 있으니 엄마가 들어오셨다.

"시험 점수에 만족하지 못해서 상심되는 게 아니라 내 아들이 속상한 걸 보는 게 더 힘들고 괴롭다."

그러면서 계속 잘할 수 있을 거라고, 힘을 내라고 격려하셨다. 요즘 강조하는 자기 주도 학습 면에서 내 공부 방법이 아주 모범적이기 때문에 걱정할 필요가 하나도 없다는 것이다. 엄마의 격려는 여기서 끝이 아니었다. 필요한 공부를 스스로 찾아내서 계획적으로 공부하고 있고 부족하거나 의문이 생기는 경우 주위의 실력 있는 선생님들에게 언제라도 도움을 받을 수 있는 상황이니 초조해하거나 위기감을 느낄 필요가 없다고도 했다. 조금씩 힘이 났다.

이런 엄마의 확신이 시험 성적 때문에 생긴 아쉬운 마음을 훌훌 털어버릴 수 있게 했다.

시험 결과는 예상과 맞기도 했고 의외이기도 했다. 사탐 과목은 겨울방학과 봄방학 두 달 동안 10주짜리 강의를 들었다. 네 과목 중 일단 시간이 맞는 세 과목만 공부하고 나머지 한 과목은 여름방학 때 집중적으로 공부할 계획이었다. 강의가 종료된 후에는 선생님들이 주신 교재를 중심으로 문제집을 사서 하루에 한 과목씩 돌아가며 공부했지만 그리 큰 기대는 하지 않았다. 다만 1, 2학년 때는 사탐 공부를 미뤘으니 이번부터 성적을 올려야겠다는 목표만 있었다.

그런데 내가 사탐 두 과목에서 반 1등을 했다. 게다가 그중 하나는 애들이 많이 선택하지 않는 과목이기는 해도 전교 1등이었다. 기분이 좋으면서도 어안이 벙벙했다. 오랫동안 열심히 공들이고 있는 외국어와 언어는 꼭 지렁이 기어가듯 성적이 늦게 오르는 데다 심지어 오르락내리락 그네를 타서 나를 불안하게 하는데, 한 두어 달 공부한 과목에서 이런 성과를 내다니…. 내 능력에 대해 다시 한 번 생각해볼 일이었다.

엄마 앞에서 이 정도 실력이면 자만해도 된다고 큰소리를 쳤다. 그러자 엄마는 내 속을 정확히 집어냈다.

"걱정했던 것보다 성과가 있는 과목이 있어서 다행이구나. 잘했어. 엄마가 너는 잘할 거라고 했잖아. 그런데 스스로 '자만'이라고 표현하는 걸 보니 너도 지금 이 태도가 옳지 않다고 판단하나 봐. 그러니

:: 경은이 랩 작사 노트 중

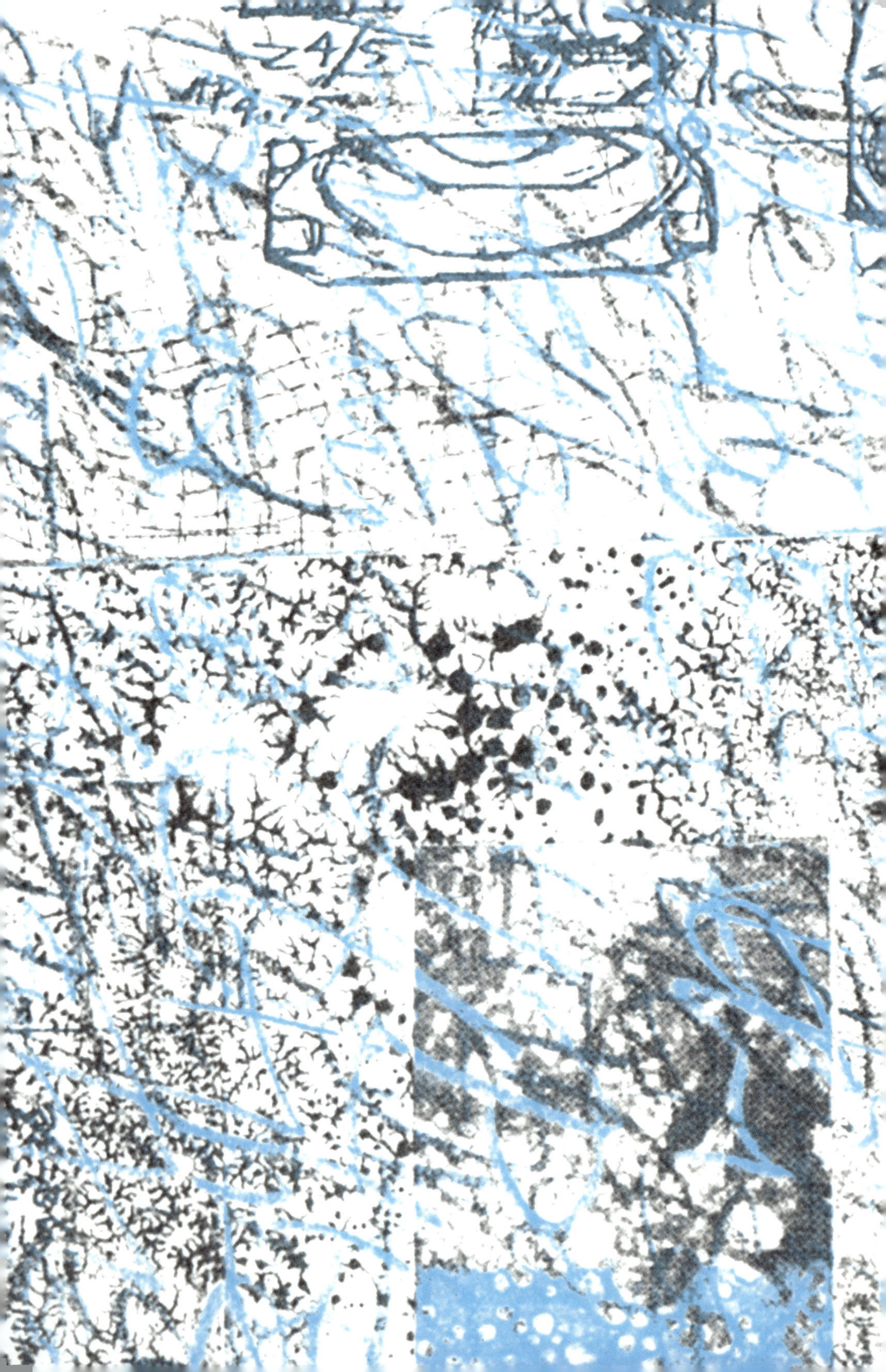

까 자신감이 아닌 자만으로 표현했겠지. 한 번 좋은 성적이 나오면 이런 자세로 다음 시험을 보고, 그래서 결과가 들쭉날쭉했던 건 아닐까? 잘 생각해봐."

내 속을 콕 집어 알아버린 엄마가 조금은 얄미웠다.

시험을 한 번씩 치러낼 때마다 고3이라는 현실이 피부에 절절하게 와 닿는다. 자신감에 넘쳐 이 세상 어떤 일이라도 해낼 수 있다는 뿌듯함을 과연 느껴봤나 싶게 갑자기 우울해지기도 한다. 지금 점수로 뭘 할 수 있을까 이런 비참함이 가슴에 가득 차서 공부가 손에 잡히지 않는다.

학교에서 항상 1등만 하는 자식이 너무 부러워서 하루 종일 엄마에게 투정을 부렸다. 그 자식은 내가 도저히 닿을 수 없는 경지에 도달했을 거라고 생각하면 단순히 후회만 밀려오는 게 아니라 나와는 다른 차원의 사람이라는 생각까지 하게 된다. 그러면 조금 위로가 된다. 나같이 평범한 앤데도 그렇게 잘한다면 도대체 나란 인간은 뭐가 되냔 말이다. 내 능력은 사실 별게 아니며 나라는 인간이 존재감도 약한 그저 그런 사람이라는 생각이 들면 내 한계를 아주 그냥 절절히 인정하게 된다.

나의 문제점을 아는 순간 힘들고 우울해지지만 일부러 억지스럽게 회피하지는 않겠다. 문제의 원인과 현재의 상태를 심사숙고하기 위해 '머무는 생각 상태'의 힘겨움을 거부하지 않겠다. 나만의 멋진 대안을 마련하고 좀 더 나은 나로 성장해야 하기 때문이다. 이러한 과정을 거쳐 내가 가진 소중한 능력과 자질을 발견해서 더 큰 자신감을 갖고 앞으로 나아갈 수 있다고 확신한다.

하루에도 몇 번이나 목표하는 대학이 오르락내리락한다. 불안해서 그렇다는 걸 알면서도 조절이 안 된다. 타고 싶지 않은 롤러코스터 같다. 엄마는 나 자신을 믿으라고 한다. 열심히 하고 있으니 결과를 미리 예상하면서 힘들어할 필요가 없다고 한다. 잘 알면서도 기분이 급하강한다.

팔랑 귀는 아니지만 시험을 맞는 자세는 아직 팔랑거리는 가슴이다. 불안해서 손에 땀이 나기도 한다. 하지만 나를 믿어야 한다. 얼마나 노력하고 집중하는지 누구보다 내가 잘 알고 있으니 커다란 바위처럼 흔들림이 없어야 한다.

중3 때 가족여행 중 아빠와 함께

아빠가 일요일에 점심을 사주셨다. 고기 먹고 힘내라고 하셨다.

"지금 너무 불안한 건 알겠지만 인생을 살다 보면 지금의 어려움은 아무것도 아니야. 그러니 마음 편하게 열심히 하면 돼. 너무 부담 가지면 오히려 일을 그르치거든."

"하지만 지금 나한테는 제일 힘든 시간이란 말이에요."

"물론 힘든 것 잘 알아. 아무리 열심히 해도 목표한 만큼 결과가 나올지, 아니면 못 미칠지 알 수 없는 게 인생이야. 스스로 최선을 다했다고 생각한다면 굳이 성공 여부를 따질 필요가 없어. 지금 최선을 다했다면 앞으로 또다시 최선을 다할 기회가 올 테니까. 이번이 마지막 결판 카드는 절대 아니거든.”

엄마는 신이 나 아빠 옆에서 분위기를 잡았다.

“경은이는 좋겠다. 아빠가 이렇게 이해하고 격려해주시니 얼마나 힘이 날까. 엄마도 이런 격려 받으면서 공부했으면 훨씬 더 잘했을 텐데….”

나도 물론 그 어느 때보다 마음이 편해졌다. 내가 열심히 한다는 걸 인정하기 때문에 이런 격려를 해주시는 게 분명했다. 이제는 아빠의 절대적인 응원도 있으니 내 양쪽 어깨에 튼튼한 날개가 달린 느낌이다. 찬란한 햇볕을 품에 안고 날아오를 그날이 가까워지고 있다.

큰아이는 초등학교 다닐 때 공식적인 시험이 없었다. 담임선생님께서 그때그때마다 단원 평가를 하셨고, 나는 아이에게 문제가 있으면 연락을 하시겠지 하고 느긋하기만 했다. 그러니 아이가 구체적으로 어떤 상태인지 잘 모르고 미루어 짐작할 뿐이었다. 교내 수학 경시대회에서 상도 여러 번 타 왔는데 아무리 교내 경시대회 문제가 쉽다고 해도 한 반에서 상 받는 학생은 두세 명뿐인지라 잘하고 있다고, 앞으로도 잘할 거라고 믿었다.

엄마들은 모이기만 하면 학원 이야기였고 나는 그런 주제들이 피곤하고 싫었다. 남들이 모르는 특별한 정보가 있는 것도 아니고, 그저 내 아이가 알아서 해나가겠지, 아이들은 머리 여무는 속도가 다르니 때가 되면 부족한 부분도 따라가겠지 하는 믿음으로 시간이 지나갔다.

집에서 짬짬이 내가 사다 주는 문제집과 교과서로 공부를 하다가 초등학교 5학년 겨울방학이 되어서야 동네 수학 학원에 처음 다니기 시작했다. 국어나 영어는 계속 집에서 공부하는 정도면 된다고 생각했다. 학원 선생님은 잘하는 아이니 걱정하지 않아도 된다고 나를 안심시켰다. 공부에 관한 한 항우장사 부럽지 않은 배포를 가진 이 엄마는 더더욱 편안한 마음으로 살았다.

경은이가 중학교에 들어가고부터 숫자로 된 성적표를 받아 오기 시작했다. 1학년 1학기 중간고사 성적표를 받아 든 순간 우리 부부은 무슨 말을 해야 할지 몰랐다. 성적표에 이런 석차가 나올 수도 있는 건가, 서로의 눈을 의심했다.

경은이 아빠는 학원이나 과외 언저리에는 가보지도 못하고 혼자 공부해서 시험제 고등학교에 차석 입학하고, 강원도에서 서울로 남부럽지 않은 대학에 진학한 사람이었다. 당연히 경은이 아빠 눈에는 학원이며 과외로 목욕을 하는 요즘 애들이 한심하게만 보였다. 그런 사람을 아빠로 둔 내 아들들은 태어나면서부터 핀잔을 먹게 될 운명인 건 분명했다.

그때부터 애들 공부에서 아무 의견이 없던 남편이 전면으로 나서기 시작했다. 영어는 자기가 가르치겠다고 팔을 걷어붙였다. 아이의 특성을 고려하지 못한 방법 때문에 중도에 그만두었지만 지금 생각하면 그렇게나 바쁜 사람이 일주일에 최소한 네 번, 저녁 일정을 전혀 잡지 않고 아이를 위해 시간을 내었다는 것 자체가 신기할 뿐이다.

중학교 때 다니던 학원 원장 선생님이나 담당 선생님도 경은이가 수학을 좋아하고 충분히 실력이 있다고 하셨다. 그런데 현실, 즉 점수로는 그렇게 뛰어난 실력이 보이지 않았다.

아이의 실력이 제대로 나타나지 않는 원인이 무엇일까 일찌감치 고민했어야 했다. 모든 분야에서 아이 스스로 잘 해결해나갈 것이라는 믿음이 사실 무지의 다른 말임을 그때는 알지 못했다. 아이의 성장 단계에 따라 엄마가 관심을 갖고 참여하는 게 현명하다는 것, 또한 아이의 특성에 맞게 그 관심의 정도와 분야를 달리하는 것이 매우 중요하다는 것을 미처 깨닫지 못했다.

상담을 받고 나서부터, 목적이 무엇이 됐든 아이는 좋은 성적에 대한 욕심이 생겼다. 아빠에게 큰소리칠 목적이든, 자신이 똑똑한 사람이라는 걸 만방에 알려줄 의도든 목표가 분명해졌다. 그러나 경은이는 시험 전에 계획을 짜놓기는 해도 텔레비전 보는 시간을 줄이지 못했다. 동생에게는 컴퓨터도 켜지 말라고 강하게 말하면서 밤 12시까지 텔레비전 앞에 앉아 있는 날도 있었다. 시간 관리가 너무 허술한데도 그걸 지적해주면 기분 나쁜 표정을 숨기지 않았다.

중학교 3학년 중간고사를 본 후부터 책상에 앉아 집중하는 시간이 늘어났다. 아이는 공부 계획서를 만들어 열심히 한다고 하는데 내가 보기에 오히려 공부량이 적어 보여서 걱정이 되었다. 경은이 본인은 공부를 많이 했다고 생각하지만 결과가 기대에 못 미칠 때 '역시 나는 공부해봤자야. 시험 점수는 그대로잖아' 하고 자신감을 잃어버리면 어떡하나 조바심이 났다.

경은이는 초등학교 5학년 겨울에 큰 병을 앓았다. 처음에는 두드러기나 아토피가 심해진 것으로 알았는데 증상을 본 소아과 의사 선생님이 당황하면서 빨리 큰 병원에 가라고 하셨다.

　　종합병원 응급실에서 난생처음 들어보는 HS 자반증이라는 진단을 받았다. 외부의 충격이 없는데도 모세혈관 출혈이 있어 반점이 생기는 증세를 자반증이라고 하는데 이 중에서도 경은이의 자반증은 위험한 종류였다. 알레르기성 혈관염으로서 하지 근육통과 전신 모세혈관 파열 증상이 있고, 이어서 신장에서 출혈이 시작되면 신장에 치명적인 후유증이 생기거나 심할 경우에는 사망할 수도 있는 병이었다.

　　문제는 발병 원인을 정확하게 모르고 치료 약도 없다는 것이다. 입원을 했으나 아무런 치료가 없었다. 입원만 하면 누구에게나 꽂아놓는 포도당 링거도 없이 장기의 출혈 여부만 점검하는 상황이었다. 나는 멍하니 아이 옆에 앉아 있을 뿐이었고 아무도 경은이에게 도움을 주지 못했다. 다행히 자반증이 진정세를 보이면서 퇴원했지만 모든 일정이 정지된 상태에서 휴식을 취해야 했다.

　　이때 경은이도 위기감을 많이 느꼈다. 아직도 동생 경준이에게 했던 부탁이 생각난다. 정말 가슴이 아팠다.

　　"어쩌면 형은 죽을지도 몰라. 형이 죽더라도 엄마 아빠 말 잘 듣는 아들이 되어야 해."

　　그 후 몇 년 동안 1년에 두 번씩 검사를 받았고 경미한 증세를 몇 번 보였을 뿐 처음처럼 가슴 떨리는 지경까지는 가지 않았다. 중학교 3학년 즈음부터는 증세가 없어 안심했지만 잦은 배탈이나 두드러기 등의 다른 증상으로 불편해하곤 했다. 아빠의 잔소리가 심해지거나 시험 압박감을 강하게 느끼면 아토피 피부염이 극성이었다. 겉보기와는 달리 신경이 아주 예민한 아이라는 걸 시간이 흐르면서 점점 더 증명해 보였다.

　이런 큰일을 겪고 나면 그 당장은 성적이 안중에도 없었다. 아이의 건강이 최우선이고 무조건 튼튼하게만 자라달라는 문구가 가슴 절절히 와 닿는 명언이 되었다.

　하지만 다행히 걱정할 증상이 재발되지 않고 아이가 건강해졌다고 생각되는 순간 우리의 마음은 완전히 뒤바뀌었다. 다시 공부와 성적이 중요해지고 인생에서 이 두 가지를 빼면 아무것도 보장해줄 수 없다는 초조감이 고개를 쳐들었다.

　고등학교 2학년 후반부터 약간의 근육통이 있다고 해서 다시 긴장했다. 이런 여러 증상의 확실한 원인은 알 수 없으나 오래 관찰한 결과 스트레스와 긴밀히 관련 있는 게 확실하다.

　요즘에는 공부 잘하는 학생들이 얼마나 많은지 귀를 조금만 열면 성적 좋은 이웃 아이들의 소식이 원하지 않아도 들려온다. 주위의 공부 잘하는 아이들을 보면 왜 부럽지 않겠는가. 대부분의 부모가 보내고 싶어하는 좋은 학교에 내 아들도 가줬으면 하는 마음이 왜 없겠는가.

　다만 부모가 희망한다고 해서 아이가 거기에 동의할 것 같지도 않고 냉정히 말해 욕심을 낼 만한 성적이 아니었다. 요즘에는 아빠들도 자식

교육에 관심이 많아 모임에서 비슷한 또래 아이들의 진학이 이야깃거리가 되는 경우가 흔하다고 한다. 경은이 아빠가 친구들과 술 한잔 한 후에 집에 돌아와 한숨을 쉬곤 했다.

"누구 아들은 외고 갔다네. 누구 딸은 민사고 준비한대. 우리 집에는 거기 갈 만한 애가 없는 거야?"

그럴 때면 내가 그동안 아이 관리를 제대로 못한 건 아닐까 하는 죄책감이 들곤 했다. 그렇지만 내가 낳은 아이라고 해서 부모의 뜻대로 관리하고 통제하는 방식은 선뜻 따라 하고 싶지 않았다.

경은이는 고등학교 들어가서 모의고사 성적표를 가져올 때마다 같은 말을 되뇌곤 했다.

"2학년 9월을 기대해주세요."

1학년 첫 모의고사 결과를 보면서 조금만 더 노력하면 희망이 있을 거란 기대감이 시험 횟수가 거듭될수록 무너졌다. 올라도 모자랄 판에 자꾸 등급이 떨어지기만 했다.

자신은 수능 정시형이라서 모의고사를 잘 봐야 한다고 스스로 강조하면서도 막상 시험 결과는 번번이 기대에 못 미쳐 정말 속이 타들어 가는 느낌이었다. 새벽까지 공부하는 당사자는 오죽 속상하고 답답할까 싶어 기운 잃지 말고 더 노력하자는 말만 했다.

학원에 과외 선생님까지 불러오는 마당에 성적이 빨리 올라주지 않으니 남편의 불안감은 시험 성적이 나올 때마다 노골적으로 폭발했다. 아이를 비난하고 자신의 처지를 한탄했다. 평소에는 대수롭지 않은 일들이 성적표 나올 때면 다 문젯거리가 됐다.

아이의 불안, 남편의 짜증과 불평을 온몸으로 받아내야 하는 나는 그야말로 녹초가 됐다. 남편에게는 조금만 더 기다려보자, 열심히 하고 있지 않느냐, 잘할 거다, 나는 믿는다, 미리 잘해서 기운 빼는 것보다 고3 주기에 맞춰서 상승 곡선을 타는 게 중요하다 등의 위로를 했다. 사실 이런 말들은 나에게 하는 위로이기도 했다.

이미 자신의 공부 방식을 만들어놓은 아이는 부모의 인정보다는 자기 계획에 대한 확신이 필요했다. 자신감이 문제였다. 부모를 위해서가 아니라 아이 자신을 위해서, 아이의 자신감이 충족되기 위해 좋은 성적이 간절했다.

드디어 2학년 9월, 모의고사 결과가 나왔다.

문과를 지원했지만 워낙 수학에 흥미가 있던 아이는 수학에서 발군의 성적을 받아냈다. 수학 덕분에 조금 부족한 영역을 보충하게 되니 언어, 수리, 외국어 세 과목만 합산하면 꽤나 우수한 성적을 받아 온 것이다.

모의고사 성적을 받고 남편도 많이 좋아했다. 뭔가 희망이 보이는지 싱글벙글했다.

"경은아, 너 공부 잘해서 아빠가 엄청 좋으신가 봐."

"내가 뭐 아빠 좋으라고 공부하나. 다 나를 위한 거지."

백만 번 옳은 말씀이시다.

그런데 네가 공부 잘하면 아빠 기분 좋아지고, 그 아빠를 바라보는 이 엄마는 더욱 편안해지니 어쩔 수 없이 너는 공부를 잘해줘야 할 것 같구나.

학원에서 돌아와 늦은 저녁을 간단히 먹으면서 경은이가 속마음을 조용히 얘기했다.

"사실 여태까지는 그냥 그렇게 되면 좋겠다 생각만 했는데 이제는 그 희망이 현실이 될 수 있는 가능성이 보여서 되게 좋아."

그래, 아들아. 엄마가 그동안 애타게 기다렸던 말이 바로 이거야. 불안해하지 않고 스스로 가능성을 확신해서 자신감 있게 밀고 나가는 원동력! 엄마도 네가 그 원동력을 얻어서 무지 좋다.

그렇지만 성적은 항상 오르기만 하지 않는다. 이런 사실을 뻔히 알면서도 아이의 성적 앞에서는 백치 부모가 되는 현실을 어떻게 해야 할지 참 난감하다. 고등학교 3학년 3월, 아이의 모의고사 성적이 기대에 많이 못 미쳤다. 3학년이 되면서 경은이가 더욱 열심히 공부했고 아이 못지않게 우리 부부도 시험 결과를 기대했던 터라 실망이 컸다. 하지만 정작 제일 큰 걱정은 따로 있었다. 경은이가 자신에게 실망하여 마음을 못 추스를까 하는 것이었다. 이제, 아직 시간이 넉넉하니 조급해하지 말라는 위로가 받아들여질 시점이 아니었다. 제일 속상한 사람은 누구보다도 아이라는 건 확실했다. 남편은 아무 말도 하지 않았고 지금 아이에게는 격려가 필요하다는 나의 요청에 이렇게 대답했다.

"사실 나는 아직 격려를 할 만큼 마음이 편안하지가 않아. 다만 아무 말 없이 기다리는 건 할 수 있어."

과거와 비교해보면 남편의 대응은 몹시도 놀랍고 고마운 변화였다. 시험 당사자보다 더 속상해하고 걱정하고 아이를 혼내면서 자신의 불안을 잠재우려 했던 마음을 이 정도까지 다잡게 되었으니 그저 감사할 뿐이었다.

다음 날 남편은 경은이에게 아주 의젓하게 충고해주었다.

"이번 시험을 볼 때 마음가짐에서 문제는 없었는지, 앞으로 보충해야 할 점들은 무엇인지 깊이 생각해봤으면 좋겠다. 아빠가 보기에는 실력보다는 담력이 부족한 것 같다."

시험 성적이 좋지 않을 경우에 속상한 마음을 드러내지 않고 의기소침해 있는 아이를 위로하는 일이 생각만큼 쉽지는 않았다. 나의 걱정과 불안은 아이가 느끼는 것에 비해 별것 아니라는 걸 알면서도 일단 내가 기운을 추스르고 아이의 힘을 북돋워주기 위해 안간힘을 써야 했다. 상황에 따라 감정의 기복이 있는 것은 당연하지만 스스로 극복할 수 있도록 옆에서 어떤 도움을 줘야 하는지 고민했다. 그러다 아이가 기운을 추스르고 다시 자신감을 찾으면 나도 덩달아 힘을 얻었다.

경은이는 평소에 가끔 이런 말을 한다.

"내 머리가 그렇게 나쁘다는 생각은 안 해봤지만 사실 공부 머리는 별로인 것 같아."

아마도 자신이 노력한 만큼 결과가 나오지 않을 때 결국 자신의 능력이 부족하다는 것을 좋은 머리냐 아니냐로 풀어냈던 것 같다. 전교 1등을 놓치지 않는 친구에 대한 부러움을 넘어 열등감에 괴로워하는 모습을 보면서 너무 마음이 아팠다.

요즘 학부모들이 생각하는 방향과는 조금 다르게 아이를 키우는 지금의 방식에 후회는 없다. 아이 스스로 자기 삶을 꾸려가는 힘을 키우도록 돕는 과정이 소중하다는 것을 안다. 하지만 나도 가끔씩 밀려오는 불안조차 숨길 수는 없다.

성적 문제로 힘들어하고 자신의 한계를 안타까워하는 아들의 모습을 보면 아이의 뜻과는 무관하게 자책감이 든다. 아무리 힘들어도 어려서부터 열심히 학원에 보내고 부족하다고 느끼는 부분은 즉각 즉각 보충해주면서 끌고 왔다면 지금 성적으로 아이가 겪는 괴로움의 크기를 좀 줄여줄 수 있지 않았을까?

상담 선생님은 고3 엄마라면 누구나 겪는 상황이니 자책할 필요가 없다고 하셨다. 경은이는 이런 과정을 통해 자신의 능력을 새롭게 발견하고 더욱 굳건한 자신감을 얻을 것이라고 하셨다. 한층 마음이 놓였다.

저녁 식사를 준비하는데 형제가 번갈아 가며 메뉴에 관심을 보였다. 참고로 나는 아들을 키우면서 남자들이 얼마나 많이 먹는지 알게 되었다. 매끼 먹어치우는 양을 보면 놀라서 입이 벌어지는 경우가 허다하다. 성장 시기에 따라 다르기는 하지만 한창때는 음식을 먹는다기보다 성능 좋은 진공청소기가 음식을 빨아들이는 모습 같다고 느낄 정도였다.

큰 냄비에서 끓고 있는 꽃게탕을 보며 침을 꼴깍 넘기는 경은이는 꽤나 배가 고픈 게 틀림없었다. 경준이도 "엄마 수제비도 넣어줘" 하고 요구했다. 그 말을 들은 경은이가 일명 '꽃게탕과 수제비 이론'을 펼쳤다.

"꽃게탕이나 매운탕을 먹을 때 사람들은 찌개에 몇 개 들어 있는 수제비를 너무 좋아한다. 사실 알고 보면 수제비는 제일 싸구려 재료로 양을 늘리는 역할일 뿐인데 그 적은 양 때문에 서로 먹겠다고 욕심을 부린다. 바로 '희소성의 가치' 때문이다. 적은 양을 나눠야 할 때 사람들은 그것이 가진 본연의 가치보다 더 큰 의미를 두는 경우가 많지만 정확히 말하면 이는 착각일 뿐이다. 사람들은 쓸데없이 국물이 묻은 작은 밀가루 덩어리에 특별한 맛을 부여한다. 이런 경제 심리를 알고 나니 남들이 서로 수제비를 먹겠다고 냄비 속에서 숟가락 싸움을 할 때 나는 영양 많은 주재료의 맛을 한껏 음미하는 여유를 갖게 되었다. 내 몫이 있다면 먹겠지만 굳이 수제비 한 조각에 실제 이상의 환상을 품어 어리석게 굴지 않으련다. 나는 좀 더 현명한 소비자가 되어 진정한 권리를 누리겠다.”

경제를 공부하면서 이렇게 실제 생활에 적용하다 보면 너무 재미있다고 한다. 공부가 단지 목표를 달성하기 위해 견뎌내야 하는 힘든 과업이 아니라 흥미롭게 지식을 얻는 과정임을 알게 된 경은이가 대견하기만 하다.

진로와 자아

9. 내 길은 내가 간다

어렸을 때의 내 꿈은 소방수였다.

엄마가 읽어주시던 동화책 중에 소방수 아저씨 이야기는 제일 신 나고 멋졌다. 유치원 다닐 때도 소방수가 되고 싶었다.

그런데 어느 날, 텔레비전에서 소방수 아저씨들이 불 끄는 실제 장면을 보았다. 뻘건 불이 훨훨 타오르고 시커먼 연기가 구름처럼 올라오는데 아저씨들은 물을 뿌리기도 하고 사람들을 구하느라 얼굴이 땀범벅이 되어 있었다.

그 순간 나는 소방수가 되고 싶은 마음이 싹 사라졌다. 너무 무서웠다. 뜨거운 불속으로 들어간다는 생각은 전혀 못했다. 아기였을 때 다리미에 발을 조금 데인 적이 있었는데 얼마나 뜨겁고 아팠는지 아직도 기억이 난다. 식어가는 다리미도 뜨거운데 빨갛게 올라오는 불길이 얼마나 뜨거울지는 상상도 하기 싫다.

꽤 오랫동안 내 가슴속에 품었던 꿈은 이렇게 어느 날 갑자기 사라졌다. 그 후 특별히 되고 싶거나 하고 싶은 일이 딱 정해지지 않았다.

피시방에 다닐 때는 프로 게이머가 되고 싶었다. 내 총명한 두뇌로 멋진 전략을 짜서 상대방을 여지없이 무너뜨리는 모습을 상상하면서 게임에 몰두했다. 주말에 종일 컴퓨터 앞에 앉아 있는 모습을 보고 엄마가 화를 내기도 하셨다.

한때는 요리사의 꿈도 꿨다. 먹는 것을 너무 좋아하는데 이렇게 음식을 사랑하는 내가 요리사가 되면 유리할 것 같았다. 먹고 싶은 음식 만들기라면 좀 더 맛있게 만들기 위해 저절로 노력하지 않겠는가.

:: 경은이 랩 작사 노트에 있는 그림

아빠의 아들이니 자연스럽게 아빠처럼 무역에 관련된 일을 하게 되지 않을까 하는 생각도 했다. 아빠와 같은 일을 하려면 무엇보다도 외국어를 몇 가지 잘해야겠지. 대학도 상경 계열로 가야 하고. 누가 시키지도 않았는데 이런 생각을 했다. 아빠처럼 되려면 무엇이든지 아빠와 닮은꼴이 되어야 할 것 같았다. 일단 공부를 잘하고 생활에 빈틈이 없어야 하는데 나는 아빠와 영 딴판이다.

아빠는 내가 가야 할 길이 뻔히 보인다고 했다. 아빠가 말한 대로만 하면 편안하고 쉬운 탄탄대로가 눈앞에 펼쳐지는데, 계속 곁눈질을 하거나 아예 그 방법은 거들떠보지도 않고 이상한 곳에서 헤매니 답답하다 못해 화가 나기도 한단다. 하지만 그건 아빠 생각일 뿐이고. 아빠에게는 쉬운 길로 보일지 모르지만 나에게는 그늘 하나 없이 햇빛만 내리쬐는 지루한 길로 보인다. 설령 그 길이 편안하다고 할지라도 내가 가고 싶지 않으면 그만이라는 걸 왜 모르실까? 또 내가 가는 길을 내가 만들어가는 뿌듯함도 있다는 걸 왜 전혀 모르시냔 말이다.

어느 날부터 힙합 장르의 노래가 좋아졌다. 쏟아내듯이 뱉어내는 랩을 들으면 속이 다 후련해졌고 나도 모르게 따라 하게 됐다. 그러다가 가사를 쓰기 시작했다. 내가 만든 랩을 엄마에게 들려주면 처음에는 욕이 너무 많아서 듣기 거북하다며 얼굴을 찡그렸다. 시간만 나면 이어폰을 끼고 음악을 듣거나 책상에 앉아 가슴에서 우러나는 노랫말을 썼다(15회기). 랩은 어느새 내 생활의 일부가 되었다. 좀 더 정확하고 감동적인 단어를 사용하려고 노력했고 거기에 곡을 붙여 편집하는 작업도 했다. 이렇게 좋아하는 일을 직업으로 삼는다면 내 인생은 항상 행복할 수 있을 것만 같았다(24회기).

중3 때 학교에서 진로에 관련된 검사를 했다. 1, 2학년 때 했던 검사는 대강대강 시간 때우기로 성의 없이 했는데 이번에는 진지하게 했다. 학교 선생님께는 경영학과에 가고 싶다고 말씀드렸다.

아마 내 머릿속은 힙합 가수 반 사업가 반, 딱 이렇게 두 개로 나뉜 것 같다. 랩을 본격적으로 공부해서 연예인이 되고 싶다는 꿈도 조금씩 생겼다.

고등학교 가기 전까지는 시간을 갖고 이것저것 도전해봐야겠다고 생각했다. 주말에는 여섯 시간 이상씩 스타크래프트 게임을 연습해서 12월 초에 준프로 대회도 나갈 계획이었다. 짬짬이 노래를 만들어서 녹음하고 주위 사람들에게 들려주기도 했다.

나중에 뭐가 되든 일단 공부를 해야 한다는 전제는 변함이 없다. 수학과 과학 학원에서 열심히 공부하고 영어는 선생님이 가르쳐주시는 방향으로 노력해서 학교 성적을 올려놓아야 한다.

상담 선생님과 말하다 보면 랩으로 연예인 되고 싶은 내 희망이 사실 실현되기 힘들다는 결론이 내려진다. 내가 설령 무역 쪽으로 방향을 잡는다 해도 연예인처럼 주목받으며 살고 싶은 마음은 쉽게 사라지지 않을 것 같다.

중학교 졸업 축제에서 노래를 불렀었다. 평소 내 랩 실력을 알던 친구들이 적극 추천했고 나도 무대 위에서 실력을 뽐내고 싶었다. 반응은 기대 이상이었다. 친구들은 내가 쓴 가사 내용에 동감하며 흥분했고 내 비트에 빠져들어 함께 몸을 흔들었다. 모두 나와 하나가 되어 움직이는 멋진 느낌이 바로 무대의 매력인가 보다. 내가 10년 전으로 돌아갈 수 있다면 일찍부터 랩 실력을 쌓아 세상에서 제일 멋진 래퍼가 될 수 있을 텐데…. 내 힙합 예명은 긱스Kixx!(37회기)

가끔 시간이 나면 아빠나 엄마 앞에서 내가 지은 노래들을 들려준다. 엄마는 욕만 빼면 너무 근사한 비유들이 많다며 이전보다 많이 발전했다고 칭찬도 해주신다. 운율감과 리듬감을 살린 데다 내용까지 근사하니 이런 가사는 아무나 쓰는 게 아니라면서 나를 한껏 추켜세웠다.

어느 날 아빠가 나를 부르더니 진지하게 말씀하셨다.

"음악을 하고 싶으면 지금이라도 제대로 시작해라. 그 대신 열심히 잘해야 한다."

드디어 아빠도 내가 음악을 엄청나게 좋아하는 걸 인정하셨다. 아빠의 이해는 바라지도 않았는데 하늘을 날 듯이 좋아하고 감동해야 마땅하건만 조금 갈등이 생겼다. **내가 정말 랩을 미치도록 하고 싶은 걸까? 랩을 하면 어떤 어려움도 웃으며 이겨낼 만큼 좋아하는 걸까?** 자꾸만 묻게 된다.

내가 원하는 건 랩을 하면서 돈을 많이 버는 것. 배가 고파야 진정한 예술가라고 정의한다면 나는 선뜻 용기가 나지 않는다. 나의 재능이 반드시 궁핍한 환경에 처해야 더욱 빛난다고 어떻게 확신할 수 있을까. 답답한 마음을 랩 가사로 써 내려가면서 느낀 즐거움과 시원함에 너무 큰 의미를 두는 건 아닐까? 이 세상의 어떤 일이라도 쉽고 만만하지 않다는 것은 귀에 딱지가 생기도록 들어서 알지만 고생하면서 배까지 고파도 기어이 하고 싶은 일은 무엇일까? 다시금 처음으로 돌아가 고민한다.

틈날 때마다 곰곰이 생각해보니 아쉬움으로 뼈가 저릿저릿한 느낌이 들지만 일단 공부를 하기로 한 이상 딴 데로 정신을 돌릴 수는 없을 것 같다. 며칠 후 시작되는 방학 계획을 꼼꼼하게 세우는 일이 더 급하다.

고등학교에 들어가서도 여전히 갈팡질팡했다. 성적이 거지같이 나오면 결국 힙합 가수가 되어야 하는 건 아닐까 하는 생각이 들면서 불안해졌다.
집으로 돌아오는 버스에서 우연히 만난 중학교 동창 녀석도 나처럼 힙합에 빠진 상태였다. 그 친구는 엄마의 반대가 너무 심해서 가출도 할 정도였다. 뭐, 하룻밤 거사로 끝났다고는 하지만. 대신 아빠는 아들의 마음을 이해해주셨다. 아들이 원하는 분야를 더 깊이 탐구해보라며 많은 기회를 만들어주셨다. 그런데 친구가 나에게 함께 노래하지 않겠냐고 물어왔다. 우리 집은 반대는 아니더라도 적극 지원해주는 분위기도 아닌데 친구가 구체적인 방법으로 함께하자고 제안하니 정말 반가웠다.
친구 아빠는 우리를 방송국에 데리고 가셨다. 친구 분이 방송국 음악 프로그램 피디라고 했다. 온갖 기계가 있는 처음 보는 음향실은 우리에겐 천국이었다. 버튼 몇 개만 움직여봤는데도 믹싱이 되어 나오는 음질은 어떤 말로도 표현할 수 없을 만큼 환상적이었다. 갑자기 동창 녀석이 심하게 부러워졌다. 이런 분야에서 일하는 친구가 있는 아빠라니! 아들을 위해 그 분야의 친구를 찾아 데려가 주는 친구의 아빠가 존경스러웠다. 도대체 우리 아빠는 이런 친구도 없고 그동안 어떻게 인간관계를 맺은 거냐구. 피디 아저씨는 우리의 희망을 귀담아 듣더니 일단 공부 열심히 할 계획부터 세우라고 하셨다. 예전 같으면

비아냥거리는 마음이 들었을 것이다.

'오나가나 어른들이 들이대는 방법은 공부밖에 없구나. 이 세상 어른들은 공부만 잘하면 만사가 해결된다고 말하니 간단해서 좋겠어.'

하지만 이제는 공부를 열심히 하기로 마음먹은 내가 대견해지고 방향을 잘 잡았다는 안도감도 들었다. 얼마 전 아이돌 그룹의 매니저와도 만나 랩과 미래에 대해서 이야기했다. 역시 그분도 지금 공부를 하고 성인이 된 다음에 집중해도 늦지 않다고 했다. 정말 원하는 것이 무엇인지 확실히 알고 시작하면 발전 속도도 빠르다는 것이다. 음악에 관심을 갖고 기초적인 기술을 연마하는 자세는 일단 기본이고, 제대로 인정받는 위치에 올라서기 위해서는 공부와 관련된 이력도 무시할 수 없다는 데에 모두 같은 의견이었다. 사실 우리도 독보적으로 공부를 잘한 대중 스타에게 더 관심을 갖고 그들의 실력이 좀 더 우수하다고 착각하지 않는가. 아마도 공부를 그만큼 잘하는 사람이라면 그 직업에서도 성실과 실력이 보장될 거라는 암묵적인 동의가 있기 때문인 것 같다. 게다가 친구 부모님의 소개로 실력 있는 대중음악 작곡가에게 여름방학 동안 일주일에 한 번씩 작곡법을 배울 기회가 생겼다. 선생님이 계신 작업실 또한 우리에게는 방송국처럼 별천지였다.

하지만 작업실에서 한 시간 반 조금 넘게 기초적인 기술을 배운다 해도 복습하고 연습할 기회가 없으면 발전할 수 없다. 최소한의 믹싱 기술이라도 몸에 배게 하기 위해 나만의 노트북을 장만하기로 마음먹었다. 이 시점에서 아빠에게 음악 공부를 위해 100만 원이 넘는 노트북을 사달라고 하면 과연 어떤 반응이 올까? 괜히 엄마 아빠와 신경전을 벌이느니 스스로 해결해야겠다고 마음먹었다. 초등학교 때부터 차곡차곡 용돈을 모아놓은 내 통장이 드디어 힘을 발휘할 때가 온 것이다. 일단 한번 들어가면 돈을 내놓지 않는 구두쇠라는 소리를 들어가며 모은 돈이다. 컴퓨터 매장에 가서 흰색의 얄팍한 노트북을 사서 내 책상에 올려두니 아주 뿌듯했다. 내 힘으로 장만한 재산 1호! 부모님께는 방학 중에만 작곡 공부를 할 생각이고 공부도 게을리 하지 않을 테니 걱정 붙들어 매라고 큰소리 쳤다. 내 노트북에 작곡 프로그램을 깔고 나서 성능 좋은 마이크도 사 왔다. 혼자 노래하고 믹싱해가며 녹음하려면 스탠딩 마이크가 필수였다. 머릿속에 라임에 맞는 기막힌 가사가 떠오르면 무조건 메모를 해놨다가 공부가 끝나면 랩 가사를 쓰고 거기에 곡을 깔아주는 작업을 했다. 거의 매일 밤 아빠는 거실에서 일하면서 내 방에서 조그맣게 새어나가는 음악을 들어야 했다. 하려면 열심히 제대로 하라고 했으니 이제는 못하게 말릴 수도 없겠지. 하하하. 시디에 녹음을 해서 가까운 친구들에게 나눠주기도 했다. 아, 정말 완전 행복하다.

내가 만든 첫 노래를 부모님께 들려드렸다. 아빠는 어디서 많이 듣던 너무 익숙한 음악이라고 했고 엄마는 멋있다는 평가를 내렸다.

아예 공부는 접었다고 생각하신 건지 아니면 그럴까 봐 겁이 나서 떠보는 건지 알 수는 없지만 아빠는 정말 음악이 좋고 관심이 있으면 밀어줄 테니 대학은 나중에 생각하고 랩을 해보라고 하셨다. 나는 딱 잘라 말했다.

"대학 갈 거야."

반드시 모 아니면 도일 필요는 없다.

1학년 여름방학에는 음악 수업 외에 러시아 바이칼 호수로 여행을 갔다. 지난 해 몽고 여행을 주관했던 청소년 단체에서 가는 여행이었는데 고등학생은 나 혼자였다. 작년에 함께 갔던 친구들도 참가할 줄 알고 기대했지만 아무도 없었다. 모두 여행할 시간이 없다고 생각했나 보다. 우리나라는 고딩이 되면 여행이고 뭐고 일단 다 미뤄놓고 밤이나 낮이나 공부만 해야 하는 분위기인 게 확실하다.

인솔 선생님은 나에게 동생들을 관리하고 인도하는 중요한 역할을 맡겼다. 작년 몽고 여행에도 동행하셨던 선생님께서 1년 동안 내가 많이 달라졌다고 하셨다. 예전에는 자기만 생각해서 마음에 들지 않는 상황에서는 '싫어' '안 해'를 연발했는데 이번 여행에서는 마음과 생각을 표현하는 능력이 아주 좋아졌으며 지도자 역할도 훌륭하게 수행했다고 칭찬해주셨다.

바이칼 호수로 가는 기차의 좁은 침대칸에서 혼자 깨어서 본 일출 장면, 끝없이 펼쳐지는 평원은 작년에 몽고의 초원에서 느꼈던 평화로움과 자유의 느낌을 되살려주었다. 끝도 없는 시베리아 평원을 달리면서 내가 알고 있는 세상이 얼마나 좁은지 알게 됐고, 그래서 지금에 만족하지 말고 더 큰 꿈을 꾸어야겠다고 생각했다. 여행에서 중학생 동생들은 내 랩에 완전히 매료되었다. 그동안 연마해온 실력이 빛을 보는 시간이었다. 자기들이 하고 싶었던 얘기, 학교에서 불만스러운 일들을 어쩌면 그렇게 콕콕 짚어내서 노래하는지 정말 존경스럽다고 했다. 나중에 음반을 내면 몇 십 장씩 사주겠다고 약속도 했다. 이렇게 재미있고 재능 있는 내 모습대로 살아야겠다고 결심했지만 집에 와서 책상에 쌓여 있는 문제집을 보니 본능대로 살고 싶은 마음과 공부를 해야만 하는 현실 사이의 갈등이 더더욱 힘들게 느껴졌다.

언제부터인가 매주 만나는 상담 선생님의 역할에 대해서 생각하게 되었다. 나를 온전히 인정해주어서 상담실 안에서만큼은 긴장 0퍼센트로 만드는 선생님의 역할을 과연 나도 할 수 있을까? 어느 날 갑자기 이런 막연한 상상을 하게 된 것이다. 속생각을 세세히 다 들어주시는 선생님께 솔직한 마음을 말씀드렸다.

"선생님, 이다음에 내 아들이 크면 꼭 나에게 했던 것처럼 해주세요."

그러다 보니 지평선 너머에서 뿌옇게 다가오는 먼지구름처럼 서서히 심리학에 관심이 생겨났다.

상담 선생님께 심리학 원서를 빌려와 책상에 올려놨다. 비록 서문 몇 줄 읽다가 그만두었지만 두툼한 책을 볼 때마다 왠지 그 속에 보물이 들어 있는 것만 같다. 미래에 내가 상담 선생님이 된다는 구체적인 생각보다는 사람의 마음을 과학적으로 분석하고 해석하며 예측할 수 있는 학문이 너무 신기했기 때문이다. 나도 상담을 받고 있지만 엄마도 심리 강의를 듣고 상담을 받고 책도 많이 읽으면서 서서히 달라지는 걸 확실히 느낄 수 있다. 나를 여러 면에서 못마땅해하고 잘못 크는 것은 아닐까 불안해하고 이해할 수 없다며 머리를 젓곤 했는데 이제는 정말 나를 편안하게 대하신다. 과연 사람의 마음을 알고 이해하면 자신을 변화시킬 수 있는지 너무 궁금해졌다.

주위 어른들에게 물어보니 내가 알고 있는 상담은 심리학의 한 부분일 뿐이며 실제 사회에서 쓰이는 분야는 무한하다고 했다. 하긴 사회의 구석구석에서 사람의 마음을 빼놓고 무슨 말을 할 수 있을까. 이런 말을 들으니 심리학이 더 매력적으로 느껴진다.

정말 인생은 고민의 연속이다. 시간이 흐르면서 내가 정말 심리학과에 적성이 맞을지 고민이 됐다. 저녁을 먹으면서 이런 고민을 얘기하자 엄마는 솔직히 말해서 대학 공부는 학문적으로 볼 때 아주 기초적인 소양 정도니 전공을 너무 심각하게 생각하지 말라고 하셨다. 사회에 나가서 대학에서 배운 학문을 그대로 쓴다는 것이 거의 불가능하고 계속 보충하고 배워야 한다는 것이다. 더군다나 우리 세대는 대학을 졸업하고 그 후의 인생이 너무 길어서 달랑 4년 배운 걸로는 평생 먹고살 수 없단다. 뭐가 이다지도 복잡한지, 에휴, 머리 아파.

며칠 후에 가볍게 읽어보라고 엄마가 작은 책을 한 권 주셨다. 가토 다이조의 《청소년을 위한 마음 휴식법》이라는 책이었는데, 대학 입시 분위기가 우리나라와 비슷한 일본의 책을 번역한 것이었다. 아마 일본에서도 나 같은 고민을 하는 애들이 많은가 보다. 이 책의 작가도 엄마와 비슷한 조언을 했다. 대학의 전공은 어떻게 보면 교양에 가까우며, 일단 전공을 열심히 공부하다 보면 자신이 원하는 분야는 저절로 찾아진다는 것이다. 아직 내가 어떤 인간인지 잘 모르겠고, 그래서 어느 학과가 나에게 맞는지 섣불리 정하지도 못했는데, 그럴 필요가 없다니 갑자기 마음이 엄청나게 편해졌다. 목표를 정하되, 무리하게 그걸 하려고 고집부리는 것보다 내 마음속에서 들리는 소리에 귀를 기울여보자.

그래, 대학에 들어가 열심히 공부해서 계속 하고 싶은 분야를 찾는 거다. 그렇게 마음을 잡았다.

솔직히 말하면 나는 갈팡질팡하는 게 즐겁다. 탐색 과정 속에서 벌어지는 상상이 무지 재밌다. 앞으로 펼쳐질 다양한 나의 미래를 마구마구 상상하다 보면 나에게 그런 능력이 진짜로 있는 것만 같다. 어른들은 대책 없는 순진한 소리라고 무시하겠지만 이러면서 계획도 세우고 생활도 즐거워지는 것 아닌가.

가끔 성공한 사람들의 책을 읽다 보면 나도 하루빨리 인생의 목표를 정해 전력 질주해야만 할 것 같아 초조해진다. 어떤 사람은 10대 초반에 삶의 목표를 정했고 많은 역경을 극복하여 노력한 결과 누구나 인정하는 위치에 올랐다고 한다. 사실 그런 성공담은 열라 숨 막힌다. 물론 열심히 최선을 다하면 이루지 못할 게 없다는 희망의 메시지도 주지만 성공하기 위해 그렇게 빨리 흐트러짐 없이 집중해야 한다니, 너무 가슴이 답답하고 자책감 같은 것도 든다.

'그 사람들은 열네 살, 열다섯 살 때 이미 구체적인 꿈을 정할 정도로 인생을 진지하게 살았는데 나는 뭐야. 이 나이 되도록 대체 뭘 한 거야? 이제 곧 스무 살인데 뭔가 딱 정해진 것도 없잖아.'

아직도 내가 어떤 사람인지도 확실히 모르겠는데 정말 원하는 게 뭔지 무슨 수로 안다는 건가. 이런 생각은 나보다 어른들이 더 안타까워하는 것 같다. 어른들은 자기 인생이 너무 평범하고 어떤 면에서는 실패한 것 같기 때문에 책 속의 주인공처럼 좀 더 빨리 목표를 정해 노력했다면 누구 못지않게 성공했을 거라고 아쉬워한다. 그래서 자기 자식이 그런 실패를 되풀이하게 하지 않으려고 꿈이니 목표니 하며 닦달하는 것이다.

'너는 이다음에 ○○○이 되어라. 그러기 위해서는 이러저러한 과정을 거치는 게 가장 효율적이니 내가 이끄는 대로 따라오기만 하면 된다.'

인간은 날 때부터 주어진 재능으로
자아를 실현하고자 한다.
이를 통해 인간은
자신이 할 수 있는 최고의 것이자
유일하게 의미 있는 것을 실행하는 것이다.

-헤르만 헤세

이러면서 우리가 탐색하고 작은 실패를 경험하고 다시 모색하는 과정을 낭비라고 단정 짓는다. 성공과는 거리가 점점 멀어지는 갈팡질팡하는 모습으로 여긴다. 일단 빨리 성공해야 한다고 재촉하는 틈에서 자기 능력이 무엇인지 두루두루 살펴볼 여유가 없다. 그저 목표를 향해 노력하면 훨씬 빨리 발전하고 꿈을 이룬다는 조바심으로 우리 목을 죄는 것이다. 아, 정말 그럴 때면 엄마가 그렇게 싫어하는 욕이 목구멍까지 차오른다.

한 우물만 깊이 파지 못하고 여기저기 기웃거리는 게 잘못되었다고는 생각하지 않는다. 그만큼 나는 하고 싶은 일이 많은 거다. 이런 갈등을 겪어야 나한테 더 집중하고 내가 정말 원하는 게 뭔지 진지하게 찾아볼 수 있지 않을까.

고3이 되어 마음은 바쁜데 가끔 곁길로 나가고만 싶어진다. 텔레비전으로 법정 스님의 다비식을 본 이후에 생긴 현상이다. 나는 종교가 없기 때문에 위대한 종교인을 떠나보내는 마음이 절절하지는 않다. 그래도 스님이 매 순간 자신을 수양하며 가치 있는 삶을 살다 가셨다는 평가에는 완전 동의한다. 다만 아직 물렁물렁한 내 머리는 삶의 철학을 논하기엔 너무도 버겁기만 하다.

대체 가치 있는 삶이란 무엇일까? 삶의 가치는 훌륭한 종교인이나 성인, 또는 자신의 일생을 되돌아볼 나이 많은 어른들이나 말할 수 있는 철학일까? 우리 같은 중고딩들은 그냥 열심히 공부나 하고 성실하게 학교 다니면 그게 가치 있는 삶일까?

중1 겨울에 신문에서 예술가 백남준이 사망했다는 기사를 봤다. 지금도 별다를 게 없지만 그 당시에도 신문에 실린 그 사람의 작품들을 보면서 큰 감동이나 문화적 충격 같은 건 안 받았다. 다만 <물고기 하늘을 날다>라는 작품의 제목을 보는 순간 어떤 이미지가 번뜩 떠올랐다. 백남준처럼 표현하지는 못했지만 당시 내 마음속에도 하늘을 나는 물고기가 있었다. 그 마음을 간직했다가 공방에 갔을 때 흙으로 빚었다. 지금도 그 작품이 집에 있는데 가끔 나의 물고기를 보면서 이런 물고기는 어떤 가치가 있을지 생각한다.

물고기는 물속에 있어야만 살 수 있다. 이 사실을 받아들이면 그들이 물 위로 뛰어오르려는 시도는 이상해 보여야 한다. 우리는 물속에 있어야만 살 수 있는 물고기처럼 지금 상황에 만족해야 할까?

'가치'만 생각하면 머리가 너무 복잡하다. 그렇지만 누가 뭐라고 해도 나는 물속에서만 안주하는 물고기는 되지 않겠다. 끝없이 수면으로 뛰어올라 기어이 하늘을 향해 박차 오르는 물고기가 되겠다.

자신의 아이가 커서 어떤 직업을 갖고 어떤 방식으로 살지 궁금하지 않은 부모는 없다. 아이가 어릴 때는 가끔 어른들을 놀라게 하는 능력의 작은 조각들을 꿰어 맞추며 아이의 미래를 상상하고 계획한다. 아이가 점점 크면서 별수 없이 현실에서 타협해야 하는 많은 것들이 부모의 기운을 빼놓으면 우리는 쉽사리 포기하거나 현실을 직시하지 않은 채 고집을 부리기도 한다. 무한대의 능력이 있다고 여겼던 나의 아이에 대해 곰곰이 생각하는 것이다.

우리 부부는 암묵적으로 아이가 원하는 일을 지지한다는 마음가짐이 있었다. 구체적인 그림은 그려지지 않았지만 나의 아이는 이 어려운 일을 잘 해낼 것이라는 이유 모를 믿음이 있었다.

비록 사춘기에 접어들면서 많은 갈등이 있었지만 진로 문제만큼은 경은이가 결정해야 한다고 생각했다. 자기가 하고 싶은 일을 찾으면 거기에 맞는 여러 조건을 스스로 성취할 것이 분명했다.

중학교 1, 2학년에 학교에서 했던 기본 검사는 너무나 성의 없이 해서 결과를 신뢰할 수 없었다. 평소에 아이가 하는 말이나 보여주는 재능을 관찰하는 수밖에 없었다.

그런데 중학교 3학년 봄에 했던 진로 검사에서는 경은이가 자신의 진로에 대해 평소에 많이 생각한다는 검사 결과가 나왔다. 기업가형이면서도 창의력과 예술성 영역에서 높은 점수가 나왔는데 본인은 경영학과에 지원한다고 했다. 자기 소질이나 능력을 신중히 고려하지 않은 채 부모나 주변 어른들을 보면서 생각한 결과인 게 분명했다.

하지만 고등학교 1학년이 되어 실시한 검사에서는 상당한 차이가 있었다. 이번에는 예술가형으로 나왔다. 가뜩이나 본인 마음속에도 전혀 다른 두 가지 목표가 공존해서 갈등이 생기는데 검사 결과도 두 가지로 나와 어떻게 조정해야 하는지 조급한 모습을 보였다.

대학이나 전공을 결정하는 데 고심하는 이유는 바로 미래의 직업과 직접 관련이 있기 때문이다. 한 번 정한 전공이 평생을 결정한다고 생각하면 누구나 진지해지는 정도가 아니라 초조하게 고민할 수밖에 없다. 그렇지만 나는 경은이에게 노력은 하되 늘 여유를 갖고 인생을 설계하라고 말한다. 조바심이나 다른 사람의 말에 휘둘려 섣불리 정한다면 그 결과 또한 모두 경은이 차지가 된다.

또한 자신이 성취한 것을 다른 사람과 비교하지 말아야 한다고도 말한다. 비교는 불행의 시작 아닌가. 행복하게 살고 싶다고 말하는 경은이가 자신을 불행하게 만드는 지름길에 빠진다면 내 마음은 지옥이 되고 말 것이다.

이제 나의 아이들은 어떤 일을 하든지 자신감을 갖되, 타인을 배려하고 자신을 깊이 성찰하는 사람이 되리라 믿는다.

좀 더 나은 사람은 성장하는 사람이라고 생각한다. 결코 완성될 수 없는 인간이 지향해야 할 방향이 바로 성장이 아닐까. 누구도 완전하게 성장한다고 말할 수 없기 때문에 성장에 대해서는 참으로 많은 의견이 있다. 아래 글은 마르깃 쇤베르거의 《여자 나이 50》이라는 책의 한 문단으로, 여기서 말하는 성장하는 사람의 모습에 무척 공감한다.

"자신이 어떤 인간인지 균형 잡힌 자기 인식과 계속적인 자화상, 즉 자기 또는 자신의 인생에 대한 종합적인 인식이 있다. 그런 사람은 모든 상황에서 강제가 아니라 마음속 깊은 감정에 답하며 실제로 마주할 수 있음을 알고 있으며, 자신의 인생에서 조화로움을 발견한다. 매사에 적극 참여하면서 타인에게 책임을 지우지 않고 목표를 가지고 나아가지만, 동시에 미래의 대부분은 알 수 없음을 안다. 자신의 가치관이나 인간관이 어떤지를 생각한 적이 있다는 것은 성숙도를 측정하는 하나의 기준이기 때문이다. 모든 대답이나 이론에는 시간적 제한이 있다는 인식 아래 자신의 불확실함을 용인할 수 있고, 또 스스로를 믿으면서 타인에게 다가갈 용기가 있다. 큰 문맥 속에서 자신의 존재를 발견하면서 동시에 소소한 것에도 기쁨을 느끼고 의미를 찾아낼 수 있다. 그런 사람은 축소 또는 과장하지 않고 사회에서 자신의 위치와 임무를 받아들일 수 있고, 진지하게 참가하고 노력함과 동시에 자신이 얼마나 작은 존재인지도 인식한다. 약간의 놀고자 하는 마음도 바람직하다."

10. 나는 내가 너무 사랑스럽다

엄마가 부지런히 아들에 대한, 남자에 대한 책도 읽고 공부를 한 덕에 아빠를 위로하며 다독거린다.

"남자애들은 다 저러면서 크는 거래요."

물론 돌아오는 대답은 한 가지다.

"나는 저만 할 때 안 그랬는데 쟤는 너무 이상해."

그런데 잘 생각해보면 인생의 재미라고는 철저한 계획과 실천, 정리 정돈에 있다고 생각하는 우리 부모님께 나 같은 아들이 있는 건 하늘이 주신 복이다. 나를 키우면서 같음과 다름의 의미를 매순간 깨닫게 되지 않았는가.

내가 성장하는 것을 보면서 자신들과 다르게 생각하고 느껴도 틀린 게 아니라는 것을 단순한 지식으로서가 아니라 직접 경험하셨다고 생각한다.

우리 부모님은 나이 50이 다 되어서라도 인생의 풍부함을 알게 되었으니 나를 키우는 이 시간이 돈을 주고도 살 수 없는 소중한 체험 그 자체다. 나는 아빠 엄마의 복덩어리다.

목표라는 게 마음먹는다고 쉽게 결정되는 것도 아니고, 한 번 정한 목표를 갈등 없이 이루어나가라는 조언을 무조건 따르고 싶지는 않다. 나에게는 여러 가지의 꿈과 목표가 공존한다. 그것들 중 하나를 선택해서 끝까지 밀고 나가겠다는 생각보다는 시간이나 현재의 능력을 고려해 성취의 순서를 만들고 있다. 무조건 하나의 목적지를 향해 뛰어가라는 인생 선배들의 조언은 사람의 마음을 너무 단순하게 생각한 게 아닌가 싶다. 많은 사람들에게 자기 성공을 인정받으면 그 과정은 아주 단순화되고 성공 이외의 영역은 무시되거나 너무 쉽게 잊혀지는 것 같다.

나는 계속 꿈꾼다. 싫은 것이 많은 만큼 좋은 것, 하고 싶은 것도 많다.

난 어른이다. 엄마에게 당당히 어른 대접을 해달라고 요구한다. 아빠는 피식 웃으면서 기막히다는 표정을 지으시지만 뭐라고 하는 눈치는 아니다. 이제 엄마는 나의 실천력과 계획을 온전히 믿으신다.

그렇지만 내 안에 아직 어린애가 있기는 하다. 동생과 나의 싸움에 엄마가 끼어들어 동생 편을 들면, 엄마 말이 다 맞다고 생각해도 엄마가 미워진다. 순간 나보다 동생을 더 사랑하는 건 아닐까 하는 섭섭한 마음이 든다. 마음의 눈초리가 쭉 올라간다. 선과 악이 동전의 양면이듯이 내 속에도 어른과 아이가 함께 있다.

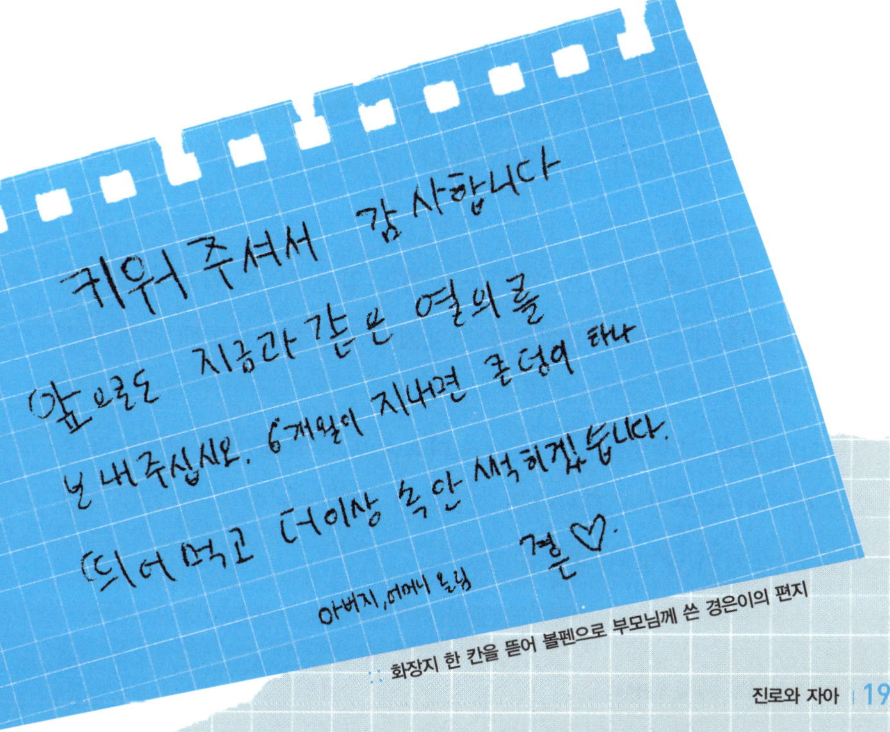

화장지 한 칸을 뜯어 볼펜으로 부모님께 쓴 경은이의 편지

 모두에게 사랑받고 관심 끌고 싶은 어린애의 마음을 잘 다독여주면서 내 인생은 내 것이라는 확고한 믿음을 가진 어른이 되고 싶다.

내 인생의 주인은 나다. 내 배의 선장은 나 자신이고 이 배를 어떻게, 어느 방향으로 운항할지 결정할 사람도 바로 나다. 나에게 부여된 삶의 권리는 아주아주 소중하고, 동시에 그 책임감의 무게는 결코 가볍지 않다. 이 삶의 무게를 꿋꿋하게 짊어지고 나갈 힘도 키우는 중이다. 나에게 가장 소중한 사람은 바로 나이기 때문이다.

앞으로 좋은 일, 성취감을 느낄 수 있는 일만 기다린다는 착각은 하지 않는다. 예측하지 못했던 어려움을 만나더라도 내가 그 상황의 주인이 되어 조종하고 극복할 수 있는 힘을 열심히 기르고 있다.

행복이 학력, 직업, 명예와 같은 사회적인 조건만으로 얻어지는 게 아니라는 건 안다. 그렇다고 이 모든 걸 무시하고 순간순간 하고 싶은 일만 한다고 해서 행복해지는 것도 아니라고 생각한다. 외부의 조건과 내 의지를 조화시키면서 성장하겠다. 지금처럼 계속 나를 사랑하면서!

초등학교 1학년 때부터 만났던 열두 분의 담임선생님과 학교의 많은 선생님들. 내 마음과 상황을 진심으로 이해해주셨던 선생님들께 정말 감사드린다.

학원이나 과외 선생님으로 만났지만 마음으로 통했던 몇몇 선생님들.

모든 어른이 명령이나 질서만을 강요하지 않는다는 걸 알게 해준 나의 어른 친구, 도자기 공방의 김남수 쌤.

여행과 봉사 활동을 하면서 주변을 배려하는 자세와 단체 생활에서의 역할을 알게 해주신 위례청소년 지킴이 선생님들.

내가 어른이 되어서 어떤 남자가 될지, 아빠와는 다른 역할 모델이 되어주신 이모부. 따뜻한 가슴을 가진 남자가 얼마나 멋진지 이모부를 통해 알게 되었다.

그리고 오랫동안 함께하며 나의 모든 것을 인정해주신 아이자람의 윤미숙 소장님. 선생님의 생각이나 사회의 질서를 가르치기보다는 내 마음을 그대로 받아주신 선생님 덕분에 스스로 힘을 키울 수 있는 기반을 마련하게 되었다. 엄마처럼 내 마음을 살펴주시니 아무리 생활이 바빠도 한 주 한 시간의 만남을 끝낼 마음이 생기질 않는다.

얼마나 많은 사람들이 나 전경은을 사랑하고 보듬어주었는지… 새삼 가슴이 벅차다. 앞으로도 수많은 사람의 관심과 따뜻함이 나를 더욱 건강하고 든든하게 받쳐줄 것이라 확신한다.

그리고 무엇보다도 나의 가족들. 정말, 완전 사랑한다. 우리 집에서 매일매일 벌어지는 그 많은 갈등이 결국은 사랑 때문이라는 걸 안다. 함께하는 모든 시간이 소중할 뿐이다.

　아이의 사춘기가 힘겹게 느껴져 상담을 받게 한 지 3년이 넘었다. 내가 세상의 중심이고 내 생각만 옳다는 고집은 엄마인 나 역시 아이와 별반 다르지 않은 상황에서 우리는 함께 출발했다. 아이뿐만 아니라 나 자신을 있는 그대로 인정해야 하는 작업이 말처럼 쉽지 않았다. 힘겨웠던 그동안의 시간이 기억 속에 선명하게 남아 있음은 물론 우리 가족이 겪은 과정이 정말이지 소중한 선물로 생각된다.

　변화를 거부하지 않았던 남편과 아이들의 용기는 우리 가족이 더욱 서로를 사랑할 수 있는 든든한 밑바탕이 되었다. 하지만 혹시나 이런 감정이 나만의 느낌이 아닐지, 우리의 이야기가 세상에 나왔을 때 과연 공감을 얻을 수 있을지 너무 걱정이 된다.

　상담은 높이의 차이를 거의 느낄 수 없는 나선형 계단을 오르는 과정이라고 생각한다. 아이의 작은 변화를 보면서 이제 달라지는구나 싶어 기쁨과 안도감을 느끼다가도 다시 원점으로 돌아간 듯한 모습을 보면 또다시 실망하곤 했다. 하지만 이런 과정이 계속 반복되는 것 같아도 한참 후에 보면 내 아이는 이미 그 계단 높은 곳에 도달해 있었다. 끝을 알 수 없는 지루한 시간이라 여길 수도 있지만 계속해서 상처 받고 줄 수밖에 없는 우리 삶에서 상담은 각자의 행복을 찾는 데 도움을 주는 하나의 방법일 것이다.

　눈앞에 보이는 문제적인 행동만 해소되었다고 해서 서둘러 상담을 종료하기보다는 스스로 자신을 관찰하고 조절하며 자신감을 가질 수 있도록 충분한 시간을 주는 여유가 있어야 할 것이다.

　시작은 아이들 때문이었지만 돌이켜보면 그 과정은 나 자신을 관찰하고 인정하고 수용하는 소중한 시간이었다. 경은이와 경준이 덕분에 나 자신을 찾는, 정말 생각지도 못한 귀중한 경험을 했다. 이 고마운 마음을 어떻게 말해야 할까. 이제는 아이의 마음을 읽어주고 서로 소통하는 노력이 가장 좋은 사랑임을 믿어 의심치 않는다.

　아이들은 부모에게서 자유로워지고 부모는 자식을 한 인격으로 온전히 대하는 그날, 아마도 우리 가족은 진정한 행복을 찾게 될 것이다.